国人的马骏

王艳梅　著

吉林人民出版社

出 品 人：常　宏
选题策划：吴文阁
责任编辑：王　斌
装帧设计：尤　雷

图书在版编目（CIP）数据

国人的马骏 / 王艳梅著 . -- 长春 : 吉林人民出版社，2021.7
ISBN 978-7-206-18131-3

Ⅰ . ①国… Ⅱ . ①王… Ⅲ . ①马骏（1895-1928）- 生平事迹 Ⅳ . ① K827=6

中国版本图书馆 CIP 数据核字 (2021) 第 096662 号

国人的马骏

GUOREN DE MA JUN

著　　者：王艳梅
出版发行：吉林人民出版社（长春市人民大街7548号 邮政编码：130022）
咨询电话：0431-85378007
印　　刷：吉林省优视印务有限公司
开　　本：720mm × 1000mm　1/16
印　　张：16.75
字　　数：182千字
图　　片：57幅
标准书号：ISBN 978-7-206-18131-3
版　　次：2021年7月第1版
印　　次：2021年7月第1次印刷
定　　价：52.80元

序

应本书作者王艳梅女士及吉林人民出版社的邀请，为《国人的马骏》一书写序，我感觉序一般都是由领导或专家来写的，我只是个普通的退休干部，怕资历、水平不够。仔细又想，作为马骏烈士的后代，“责无旁贷”已经是我追寻和传承烈士精神的“铭词”，在使命责任的驱使下，我提起了笔。

爷爷的故事我从懂事起就在听，在与奶奶相伴的岁月，在与父亲沿着马骏烈士足迹追寻的日子里，在莫斯科中山大学的旧址前，在俄罗斯国家社会政治历史档案馆里，人民英雄纪念碑上五四运动浮雕中那个振臂高呼的热血男儿……“国人的马骏”渐渐清晰起来。

爷爷出生在吉林省宁安县（今属黑龙江省宁安市）一个殷实的家庭。他的家乡风景宜人，火山口森林养育着的黑土地稻花香溢，这里积淀着满族的祖居地“宁古塔”厚重的历史和人文，但伴随封建王朝的没落，国弱受辱，爷爷选择了投身革命。

作为京津地区五四爱国运动中的“马天安”，在上海的全国学联的成立，在上海租界地的大游行，在白山黑水的东北建党，在吉林“沪案”后援会的宣言， 在莫斯科中山大学的课堂上，在临危受命、白色恐怖下的北京城，在敌人的法庭上，在刑场上最后的演讲中，爷爷马骏——一个铁骨铮铮的共产党人，他把自己与国家和民族的命运紧密联系在一起，用他坚定的信念，在黑土地上播撒下信仰的火种。

一次次追寻，一次次感动。他俊朗坚韧、宁死不屈；他像一团火，燃烧了旧世界的腐朽，迎接着新中国的黎明！

他的战友这样追忆：“目光敏锐、声如洪钟，其演说天才举目共识。”“他是天才演说家。”“他登高一呼，万众相随！”

他的家人这样追念：“他生来就属于祖国，他是国人的儿子！虽死犹生！”

他，没能等到黎明到来，但人民英雄纪念碑上铭刻了他激情永远的身影！

今年是伟大的党诞辰 100 周年，习近平总书记号召全党“学党史、悟思想、办实事、开新局”，赓续红色血脉，永葆初心使命。崇尚英雄，才会产生英雄；争做英雄，才能英雄辈出。今天的中国需要信仰，需要民族精神，需要争当英雄！百年马骏英雄精神给予今天的青年最好的寄语：

征途漫漫，唯有奋斗！愿“国人的马骏”再次扬起手臂，为中华民族的伟大复兴注入精神之力！

最后，以爷爷的小诗作为序的结尾：

潇潇的细雨，飕飕的凉风，
枯枝上一个小小的蜘蛛在经营它的网儿；
忽上——忽下——忽东——忽西——
好像一部织布的梭机。
须臾间把网织起；可恨的无情风雨，
织成了！刮乱了！
织好了！打破了！
刮乱了！织成了！
打破了！织好了！
它永久不息地努力，努力！
工作啊！工作！
奋斗啊！奋斗！

马丽颖

2021 年 1 月 29 日

目录

宁安古城之子

宁安是一座历史悠久的城镇，原名“宁古塔”（满语），原隶属于吉林省，1954年改由黑龙江省直辖。据新编《宁安县志》称，“宁古”为满语，汉译为“六”或“六个”，“塔”是满语“特”的谐音，汉译为“居址”，合译“六居址”，是指当时宁古塔地面上的六个大部落而言。宁安地处绥芬河、珲春两个国家级开放口岸中心地带，因邻近绥芬河，它成为沙俄入侵东北的要冲，在历史上屡屡遭受俄国人的侵略。

为防俄患，有别于关内的行省制，清政府对东北地区采取“军府制”，在重镇要冲设宁古塔昂邦章京，派八旗驻防。昂邦章京为满语，汉语称之为总管，因此有“镇守宁古塔总管”之称。宁古塔昂邦章京的设置，将东北划分为盛京、宁古塔两大军事驻防区，从此宁古塔边区成为一个

〉马骏在宁安的故居

独立的军事戍守区和行政区，成为同盛京（今沈阳）相平行的一个行政区划，共同辖制东北全境。宁古塔昂邦章京的设置，被视为吉林建置之始。清王朝还将一些在文字狱中受害的“犯人”流放于此，如我们熟知的吴兆骞等，他们被称为“流人”。“流人”办学堂、教书、著说，给当地文化带来深远影响。

宁安的回族大多数集居城镇，以经商为主，经营牛羊肉、粮食、糕点、皮革、饭馆等，大多是小商小贩，仅有几家像样的工商企业，都是开设于光绪和民国年间，如曾兴福火磨、元兴盛烧锅、马家馆子、福记磨坊等。

当时还有 20 多户散居于农村，分散在城郊。由于他们生活困苦，没有生产资料和土地，只得向地主租地耕种。各地的地租形式名称虽不

〉马骏的父亲——马喜贵

一样，但对农民的榨取实质上是同样苛刻的。此外，各种苛捐杂税也多如牛毛，如田赋费、保甲费、出荷粮、勤劳奉仕费、慰劳费等。繁重的捐税和地主的残酷剥削，使当地民不聊生，许多农民都赤贫化了。

1895 年 10 月 19 日，宁古塔相对富裕的回族商人马喜贵家的第二个儿子出生了。当时的马家或许没人料到，这个孩子的命运将会和国家的命运融会交织在一起，并且他最终为祖国富强流尽最后一滴血。

当时的马家是宁古塔一带的大户，马骏有个幸福的大家庭。父亲马喜贵知书达理、和善亲民，是个极有办事能力的实业家。母亲马韩氏，是一位勤劳、朴实，善于操持家务的农村妇女，是丈夫的得力助手。马喜贵在家乡很有影响力，兴办了元和盛火磨，成立了“增兴福”面粉有

〉马喜贵创办的元和盛火磨遗址

限公司，并从俄罗斯引入火力发电设备，加工粮食，另有烧锅（酒厂）和酱菜厂。解放后，马喜贵的产业由国家接管，当地的面粉加工公司至今保留下了马家产业的办公区。“清代元和盛火磨遗址”已成为文物保护单位。

马骏上有一个哥哥、四个姐姐，下有一个妹妹、三个弟弟。在马骏很小的时候，母亲去世，马喜贵又续弦马蒋氏，生下一个女孩、两个男孩。当年的马家可谓朱门绣户、人丁兴旺。马骏的弟弟马骅，后来在北京上大学，受马骏的影响，也成为一名共产党员。

马喜贵的弟弟马喜财，一直与他一起经营家族产业。因其无儿女，马喜贵将最小的儿子马骠过继给马喜财当儿子。马喜贵是大掌柜，撑着

〉马骏手持全家福照片

这个大家族。当时山上土匪多，据说马家为防土匪，设有“炮楼”和十几条枪，看家护院。马喜贵兼做皮货贸易，走南闯北，见多识广，思想开明又精通俄文，加之仗义疏财、刚正不阿、为人诚信，他的人品和口碑得到家乡人民的称赞，地方士绅也不敢小视他。有事找马家，成了当地人的惯例。

“骏，马之良材也。”马喜贵给二儿子取名“马骏”，也是希望他才智超群。马骏也的确天资聪慧，他性格开朗、求知欲强、爱憎分明、好打抱不平、勇于担当！当时的马喜贵就已经意识到，一个家族的产业要想发展和持续下去，需要有文化的人来接班，才能跟上时代的发展。于是他把马骏当接班人来培养。令他没想到的是，他这个二儿子注定是一个被历史铭记的英雄，一个坚定的共产主义战士，非但没继承家业，反而成为反抗旧势力的先驱，参与到民族解放、救亡图存的伟大洪流中，并为之献出了生命。马骏舍小家为大家,走上了为大多数人谋幸福的道路。

马骏出生的时代，正值 1895 年中日甲午战争战败后，清政府被迫与日本签订《马关条约》，中国的国际地位一落千丈，加速了中国半殖民地化的进程。俄国更是把中国东北看成一块肥肉，虎视眈眈，妄图把东北变成“黄俄罗斯”。日本则把中国东北看成实现其“大陆政策”的突破口，妄图建立其独占的殖民地。

中国当时正处于半殖民地半封建社会的时代，西方列强掀起瓜分中国的狂潮，使得中国人民反帝反封建的斗争日益高涨。与此同时，随着战争赔款数额的剧增，人民不堪重负，终于爆发了义和团运动。1900 年，以“扶清灭洋”为口号的义和团开始兴起并逐渐进入北京城内“勤皇”。团民沿途烧教堂、拆电线、毁铁路，攻进天津租界。义和团运动燃起的反帝之火重创帝国主义势力的同时也使帝国主义更加穷凶极恶起来。

尔后打着各种旗帜的八国联军形同聚蚁，合起伙来宰割中国。沙皇俄国除了随联军进攻北京外，还从南北两路派 20 多万人进占中国东北，其中一路从海参崴出发向宁古塔进犯，所到之处，烧杀掠夺，血雨腥风，制造一系列惨案。在海兰泡，俄军将数千名中国居民驱赶到黑龙江边，刀砍斧劈，枪击水淹，残杀殆尽。俄军强占江东 64 屯，奸淫烧杀，捣毁村庄，将居民驱入江中，溺死 7000 多人。俄军强占瑷珲后，纵火焚城，烧死数千名中国居民。

走投无路之下，当地的农民、小商人、手工业者 200 多人组成义和团，在东山神庙设坛起义。从他们到处张贴的标语和宣传画的内容来看，斗争的矛头直接指向沙俄帝国主义。沙俄侵略的野蛮行径和当地人民的英勇反抗，给当时 5 岁的马骏留下了深刻的印象，在他幼小的心灵里埋下了与列强等恶势力斗争的种子。

国家存亡、民族危亡摆到了每个人的面前。衰败与战乱，早已把这个古老的民族逼上了绝路，中国人民期待着从根本上改变中华民族的命运。

1904 年，日俄战争在东北的土地上爆发。这场日本和沙俄为争夺朝鲜半岛和中国东北而进行的战争，起因是 1900 年 7 月，沙俄利用参加八国联军镇压义和团运动之机，派兵占领中国东北三省。1902 年 4 月，中俄签订《交收东三省条约》。这个条约招致日本等国的反对。1903 年 8 月 12 日，日本正式向沙俄提出交涉，要求沙俄承认日本在朝鲜有“优越利益”，日本只承认沙俄“于满洲铁路有特殊利益”。两国几经谈判均未获结果。1904 年 2 月 6 日，日本照会沙俄终止谈判，并断绝外交关系；2 月 8 日，日本海军未经宣战突然袭击沙俄驻扎在中国旅顺口的舰队，日俄战争在我国的土地上爆发；2 月 12 日，中国清政府以日俄两国“均系友邦”为由，宣布局外中立。次年，俄军战败后，8 月 10 日，日俄双方在美国朴次茅斯正式举行和谈，于 9 月 5 日签订《朴次茅斯和约》。

这一年，马骏 9 岁。战争爆发后，俄国加速向远东增兵。宁安成了沙俄入侵东北的要冲，遭到俄军的掠夺和蹂躏，俄军所过之处，一扫而空。宁安城的百姓一听说俄军将至，都挈妇将雏，举家逃命。马骏的母亲也带着三个儿子躲避于深山老林。这就是东北人常说的“跑毛子”。马骏的父亲硬着头皮和一个伙计留下来看守门户。

一进宁安城，俄军就奔向了早有耳闻的马家烧锅，在元和盛内“开怀畅饮”，有的还劫来大马车往外运酒，把酒窖翻了个底朝天。没有捞到酒喝的俄军则恼羞成怒，把马骏的父亲和那个伙计打个半死，还把烧锅、酒窖给砸个稀巴烂，致使马家产业几成齑粉。

俄军离开后，马骏的母亲便带着三个儿子从山里避难回来。他们一路上看到村庄被毁、残垣断壁、尸横阡陌、恸哭不绝的悲惨景象，到家又看到马骏的父亲被打得遍体鳞伤，烧锅被砸得一片狼藉。侵略者的罪恶行径，由此深深印刻在少年马骏心中。

日俄战争一爆发，土匪也趁机作乱，打家劫舍。马骏家的烧锅刚刚恢复生产，又遭到土匪的抢劫。一次兵患、一次匪劫，使原本比较富裕的马家家道中落，日子大不如前。平民百姓更是衣食无着，民不聊生。

国仇家恨，激起了马骏对帝国主义的愤恨，也激起了他对祖国的忧虑和沉思：帝国主义为什么在中国的土地上打仗？难道我们中国人就这样任人宰割、任人蹂躏吗？我们是有血性的中华男儿，绝不允许帝国主义在中国的土地上横行霸道，我们要拯救祖国、拯救人民！

炽血少年

为了生存和匡扶家业，历经磨难的马喜贵决心供儿子上学念书，以便将来继承祖业，抑或有所出息，光耀门庭。马喜贵把希望全部寄托在次子马骏身上，举全家之力供他上学读书。

1903 年，8 岁的马骏入本地私塾读书。由于马骏聪明好学、记忆力强，很快就读完了《三字经》《千字文》《百家姓》等识字蒙书和《幼学琼林》《龙文鞭影》等蒙书掌故。老师见马骏学得快、记得扎实，很喜欢他，让他提前读“四书”“五经”，还让他读《古文观止》《唐诗三百首》等，教他属对作诗，习写文言文章。马骏读书异常勤奋、刻苦，以才思敏捷、能文善诗闻名乡里。他当时辛勤好学的一些故事，至今还在家乡被传为美谈。

见证过列强侵略、土匪横行、地主剥削的马骏富有正义感，年少的他从水深火热的底层人民生活中体会到民生之多艰，因而从小就乐善好施，以帮助穷苦人为乐，并有反抗恶势力的侠气。一次，他帮助两个反抗高利贷盘剥和地主强占地界的乡亲写“状子”，在上面犀利地写道：“苛刻之主，巨利盘我血汗，强夺土地，霸我一家无生路者，不共戴天，必须官府之律而正之！”这充分体现出马骏的正义和刀笔的犀利。

一次，一个老人走了四五里远的路，从大江挑着一担水路过。宁安知府庆乃林的儿子趁老人放下担子休息之时，从地上抓起一把土扔到水桶里。马骏看到后，立即上前斥责这个公子哥：“老人挑水不易，你为什么往里扔土，实在可恶！”这个公子哥仰仗父亲的权势蛮不讲理，竟对马骏恶语相加。马骏毫不示弱，见讲理如同对牛弹琴，直接摁着这个公子哥的头，强行让他给老人赔礼道歉。挑水的老人因怕惹事，慌忙劝马骏说：“人家是少爷，咱惹不起，快拉倒吧！”“惹不起也惹了，骂不了也骂了。”马骏倔强地回答。这时，庆乃林的一个狗腿子赶来狂叫：“你好大的胆子，竟敢骂庆大人的少爷！”他狗仗人势地举起拳头欲打马骏，结果抬头面对怒目而视的马骏，顿觉这个小伙子不太好惹，像泄了气的皮球似的，忙放下举起的手。马骏说：“人生来平等，你家庆老爷也是人，多个啥？谁欺负人就该打！”这个狗腿子感觉不妙，便抓起小少爷的手，边走边威胁说：“看我不告诉老爷去！”马骏听了不屑一顾。

这样的故事在少年马骏的生活中数不胜数。

马骏还是学堂里出了名的热心肠，但凡同学有疑问找他，他都耐心地加以解释，还经常主动为缺课的同学补课。马骏对家庭困难的同学也总是伸出援手，很受先生的钟爱和同学的敬重。他的一位叫蔡子海的同学，因家庭贫困，很难维持正常的学习。马骏拿出自己的零用钱给他买书、墨、纸张。如果看到谁欺负他，马骏也是第一个站出来保护他。虽说马骏的家境还不错，但他总是喜欢与穷孩子们在一起学习玩耍，兜里常带钱，请穷人家的孩子看戏、下馆子，很受他们欢迎。熟悉马骏的大人们都称他是个“与众不同的怪孩子”。

两年多的私塾学习，尽管使马骏打下了深厚的古文功底，但他对死记硬背地学习经书早已心生厌倦，对私塾先生每天枯燥无味的经书讲解感到乏味。善于思考的马骏对好多事情产生了疑问，常问私塾先生：“难道天下穷苦百姓是天生应该受欺负吗？”“为什么洋人在中国横行霸道？”“为什么穷人没饭吃、没衣穿？”问得私塾先生无法回答。放学时，他常鼓着嘴向伙伴们抱怨说：“咱们老师光讲书，也不给咱们讲讲国家大事。”他身旁的伙伴说：“他不告诉咱们，咱就自个儿找去。”小伙伴一句漫不经心的话提醒了马骏。可是，到哪儿找去呢？饭店茶馆的墙上贴的是“休谈国事”的纸条，街头巷尾仨一堆俩一块儿谈起来也是低声细语。既然大人们都“休谈”，十几岁的孩子却要追根究底，那就是无法无天了。马骏向往一种新的学习环境，渴望学习新的知识，以摆脱这些陈旧思想的束缚，看到一个新的世界。

清真学堂初谙时事

马骏出生时，宁古塔这个地方只有两所小学校：一所是旗务学堂，只收满族子弟入学，汉族和其他少数民族子弟是不被允许到学堂上学的；一所是江沿两等小学，它虽然是公办的，但由于狭隘的民族观念作怪，排斥回族子弟。这样，回族子弟入学读书，在当地就成了一件难事。为了解决这个问题，马喜贵联络了 13 户家境殷实的回族人家，共同集资，在宁安镇创办了一所清真两级学堂，学生不分民族均予以接纳。足见马喜贵的思想开明和马家的务实。

1906 年，11 岁的马骏离开私塾进入清真两级学堂。当时的校长叫初兆声，是一个以国事为重的进步知识分子，曾经带领马骏等学生到"娘娘庙"去讲演，宣传爱国思想、抵制日货等。在学堂的学习，使马骏拓

〉马骏少年时代读书的清真两级学堂

展了思路，开阔了视野。

马骏目睹了帝国主义的为非作歹和封建军阀的残暴横行，同时他又从自身的家世和农民贫困的现状中，看到了整个民族的不幸。初谙时事的马骏开始对一些国家大事追根溯源，开始了解社会、研究社会、关心国事。他感到中国人并不比外国人笨，怎么就比人家落后呢？外国能造的东西，我们中国为什么造不了？中国为什么被外国人欺负？他要寻找这些问题的答案。

尽管当时清政府禁止百姓谈国事，但这并不能锁住马骏探求真理的火热的心。他千方百计弄到一些书报杂志，只要一有空，就趴在炕上默默地看，一趴就是大半天。家里的大人们见了，只是摇头：“咳，怪孩子……”据一份资料记载：“他到处寻找大人们说的‘闲书’来读，接触了一些封建统治者视为‘禁书’的宣传品，还同自己一些要好的同学在一起议论。不久，他就发现了一些书报里尽说谎话。一次，他在报纸上看到一则一些乡绅联名赞扬县长大人‘厚德’的消息。”[①] 这与马骏所了解的县长大相径庭，他当即把报纸一摔，气愤地说道：“全是扯淡！什么‘广施仁政’，简直是明抢暗夺的官虎吏狼！什么‘抚恤孤贫’，简直是在榨骨取油！什么‘百姓自得其乐’，简直是饿得发昏！什么‘妇孺皆感县长恩德’，简直是要揭竿而起了！”马骏发现这些人都不说真话，从现有的这些材料中找不到他需要的答案。

宁安常有俄国人出入，在这种环境影响下，马骏从小就能说些俄语。父亲马喜贵也常常往来于中俄之间，做些小生意，每次都从俄国带回一些洋玩意儿、书籍和小册子，并把在俄国的一些见闻讲给马骏听。通过这些，马骏看到了外面的世界。他偶然发现一本俄国的小册子，这本小册子介绍了当时的工人苦、农民更苦是魔鬼造成的，要想不苦就要起来进行斗争，驱逐魔鬼。后来他又看了一些进步书籍，较早地接触了工人阶级的先进思想。

马骏对时政的议论，初步表现出他异常敏捷的思想和入木三分的洞察，让同学们和周围人从心里佩服。家里人逐渐不再说他是个“怪孩子”，街坊邻里见了他的面，都让他谈一谈“国家大事”。马骏成了村

① 中共牡丹江市委党史工作委员会、中共宁安县委党史工作办公室：《革命烈士马骏》，黑龙江朝鲜民族出版社 1988 年版，第 71 页。

里人敏锐的耳朵和眼睛，成了最受大家欢迎的好孩子。

在清真两级学堂读书的马骏不仅具有强烈的爱国思想，还具有明显的是非观念。在这里学习不到半年，他就对这所学校产生了不满。马骏感到，虽说这是一所新型的学校，但是教授的思想仍然守旧，还是用旧的封建礼教束缚学生。在这里，学校经常对学生进行升官发财的教育，学生在课下也多是议论一些将来当什么官，戴几品的顶戴花翎。马骏听了非常反感，他没好气地说："什么几品顶戴花翎！将来我们戴的是无色的、各式各样的，叫它'特品'吧。"他根本就没有想过要当官，想的是怎样能够解除劳苦大众的灾难和痛苦。

马骏性格刚毅，凡事敢作敢当，是个诚实的孩子。一次，老师出了"你将来做什么"的作文题，马骏写道：毕业后要做一只雄鹰，"凌空而起，驾云高飞，人上得越高，看得越远……"先生走过马骏桌旁，被他那没有写完的作文草稿所吸引，心有所动，但觉得马骏这种浪漫主义的想法脱离实际，便挖苦马骏："你想离开地球到太空去？这只能是幻想。唉，真是不知天高地厚，骄傲狂妄！"并随手在黑板上写道："骄傲狂肆之人，不足与语学问。"马骏看后笑了。先生见此怒问："你笑什么？不服吗？"马骏站起来，说："我笑的是先生，有两句话回赠先生，'墨守成规之人，不足为人先生'。"这下可惹恼了先生，他被先生带到学监那里评理。马骏说："先生出题没限制内容，如此对待学生，实在叫人费解。"老师对他也是无可奈何，只是越发感到这个学生越来越与众不同了。从这里可以看出，马骏从小就志存高远，要做驾云高飞的雄鹰。

1910 年，马骏为了多接触各民族的孩子，广交朋友，离开了清真两级学堂，以高分考入了宁安镇江沿两等小学。

马骏敢于向体罚学生的老师说不。在江沿两等小学，有一个从南方来的老师，学生时常听不懂他讲话。这位老师常打学生，尤其是贫穷家庭的学生。有一蔡姓学生，穿着破旧，他经常因为一点小事被老师打。一天，这个学生又被打了一顿手板。下课后，马骏就把同学们聚在一起，向大家建议选派代表请求学校换老师。马骏见同学们谁也不敢出头，跟大家商量："明天你们都不上学行不行？我什么时候通知你们，你们什么时候来上学。"同学们都说行。第二天，学生没来上学，只有马骏一个人来了。他与学校进行交涉，要求将老师革职。他说这个老师讲课听不懂，还经常打学生，越打越使学生糊涂。校方出面调解未果，直到两三天后，该老师被革职撤换，马骏才通知同学们回来上学。

这时正值辛亥革命的前夜，涌动着"驱除鞑虏，恢复中华"的革命思潮。在这里，马骏结识了不少同乡的汉族小朋友，特别是还遇到了一位姓张的进步青年教师。张老师是一位具有强烈爱国思想的知识青年，对孙中山领导的民主革命抱以热望，常给学生讲历史上民族英雄的故事，讲烈士如何在吉林英勇就义，以此激发学生的爱国热情。张老师很赏识马骏这个学生，不仅赏识他的才华，更赏识他的志向。他喜欢马骏的谈吐，赞扬马骏的作文，常把马骏的作文当作范文在班上朗读。马骏也常在自己的作文中抒发豪情壮志，表达爱国情怀。他在一篇揭露日俄战争的文章中就有这样的话："……夷人侵我国土，吾民备受涂炭，吾辈少年岂能坐视，应发奋自强，有匡扶社稷之志。"因为赏识马骏，张老师私下里把邹容写的《革命军》和陈天华写的《猛回头》《警世钟》等书借给马骏看。

清末资产阶级革命派邹容的代表作《革命军》，约两万字，作者以犀利的笔锋、通俗易懂的文字，满腔热情地歌颂了革命和民主，论述了进行革命的必要性和正义性，无情地揭露了清政府的卖国专制，极力地鼓吹欧美资产阶级革命时期的自由平等、天赋人权学说，大声疾呼打倒清王朝，建立“中华共和国”。他认为只有推翻清政府，扫除外来侵略势力，中国才能获得民族独立和社会进步，明确提出了反帝、反封建的民主革命任务。《革命军》一书出版后，风靡海内外，对传播民主革命思想、推动民主革命的发展产生了重大的作用。陈天华写的两部浅显通俗的宣传作品《警世钟》和《猛回头》，则揭露帝国主义列强瓜分中国已迫在眉睫，指出清政府已成为“洋人的朝廷”，号召全国各阶层民众团结起来“杀那洋鬼子”，在社会上产生强烈反响，被誉为“革命党之大文豪”。这两本书在当时风靡中国。

通过读这些书籍，马骏意识到：要想救中国，“雪仇耻，驱外族，复我冠裳”，必须万众一心，共同斗争。

就这样，马骏开始接触一个社会的大问题。

一中求学

中学时代的马骏，勤于思考，刻苦学习，成绩优秀。当时正值全国开展抵制日货运动，马骏积极投身斗争行列，表现出强烈的爱国精神和卓越的组织、演讲才能。

1911 年 10 月 10 日，武昌起义一声枪响，敲响了封建主义专制制度的丧钟，推翻 2000 多年的封建帝制，建立了中华民国。辛亥革命爆发后，吉林城乡民众纷纷展开了罢工、罢课、罢市斗争，声援独立。人们上街游行，高呼："打倒土豪，欢迎共和。"年轻的马骏为之振奋不已。他对辛亥革命寄予厚望。1912 年 1 月 1 日，南京成立临时政府，民国伊始，很多市民还剪掉了发辫，改穿汉族衣服，在姓氏上冠以汉姓，民风为之一变。马骏也积极响应，为之欢呼！但这个由资产阶级领导的革命是很不彻底的，只是把一个皇帝赶跑了，中国仍处在帝国主义和封建主义压迫之下，反帝反封建的革命任务并没有完成。拥有北洋军队的反动军阀袁世凯，利用革命领导者的软弱，很快窃取了总统的职位，篡夺了革命的果实，在全国建立了大军阀、大官僚的反动统治，并很快复辟帝制。吉林省巡抚陈昭常成立所谓“保安会”，自己为会长，总掌会中一切事宜。陈昭常改“巡抚”为“都督”，改“吉林省咨议局”为“临时省议会”，清政府的旧官员在辛亥革命后依然把持着吉林的军政大权。仅有的改变只是下令一律悬挂共和旗帜，改用新历，申明不再捉拿剪发易服之人。但几千年来压在人民头上的沉重枷锁并未打碎，“改朝不换代”，这让马骏又感到失望与怅然。

人民仍旧生活在水深火热之中，一个独立、自强的国家，已不可能在这个反动政权下实现。这进一步激发了马骏对当时祸国殃民的官僚、军阀的仇恨，对革命烈士流血牺牲换来这样一个结果感到痛心。他已经不能止于“隐忧”，而是要大声宣泄自己的哀痛。他那追求真理的心再也无法平复，以“学不成名誓不还”的决心离开家乡，到省城吉林的省立第一中学（以下简称一中）读书。

一中于 1907 年由清政府吉林将军衙门官办学校改为吉林省立第一中学，是吉林省最早的一所普通中学，它为吉林的新思想、新文化注入了一泓清流，对吉林文化教育事业的发展起了积极的推动作用。当时，全省各地许多学子慕名负笈而来。

一中首任学监由候补直隶知州王文珊（少石）担当，他是吉林名流，办学治校有方。1911 年 5 月，黄花岗 72 位烈士牺牲的消息传到当时

〉在一中读书时的马骏

的省城吉林市，吉林各学校学生纷纷走上街头，痛斥反动政府，宣传烈士事迹，号召民众觉醒。一中学生写出了《国事悲》《英雄泪》等纪念文章，一时轰动了教育界。

马骏是 1912 年来到一中的。在这里，马骏更加注意观察社会，并且更深地认清帝国主义侵略和封建官僚制度是造成国弱民穷的罪恶根源，开始把认识社会与改造社会有机结合起来，革命思想进一步形成。

马骏豪爽的为人、超凡的辩才以及强劲的组织能力给全校师生留下极为深刻的印象，这使他在一中结识了不少学友，郑煊和王朴山都是他的好友。

郑煊长马骏三岁，辛亥革命后在一中从学四年。当时正值国难当头，忧患频仍。因同怀爱国热忱、共存报国之志，郑煊很快与马骏结为至交。1917 年，郑煊在一中毕业后，考入北京大学法律系，抗日战争胜利后，曾为中共吉林特别支部的组建及恢复做出重要贡献。每当回忆同学往事，郑煊都饱含深情地说：“马骏是中国革命事业的先驱，也是吉林一中的骄傲。”马骏在一中读书期间，由于与许多进步学生志同道合，所以有共同语言、共同志向，他们互相鼓励，结下了纯洁的同学情谊。

1913 年，韩梓飏从天津南开学校毕业来一中任英文教师和学监，是一位具有爱国思想的进步青年。韩梓飏提倡教育救国，极力传播新思想、新文化，试图把一中“南开化”，积极向学生推荐进步书刊，引导学生开展课外读书活动，还组织学生开展时事报告会、讲演会等活动，他的这些做法受到了学生的欢迎和支持。马骏就是其中的积极分子，他不仅动员同学参加韩老师组织的各种活动，还主动帮助韩老师开展组织工作。因此，韩梓飏被称为新派教师，马骏也被称为新派学生。

马骏在一中读书期间，常到清真寺做礼拜，和广大回族同胞多有接触，更加了解人民的疾苦和社会的黑暗。他从回族票友那里学会了喜爱的京剧，并借以表达自己的爱恨情仇。他最爱唱的是《骂毛延寿》和《打严嵩》两出戏里的唱段：“没开言牙要咬碎，骂一声毛延寿卖国奸臣，你祖上吃君禄，你应该把忠尽，不应该投番邦丧尽天良！”“大骂严嵩是奸佞，不由英龙怒气生，说着恼来道着恼，管教老贼两眼平。”毛延寿是汉代的奸臣，投靠番邦，卖国求荣；严嵩是明代的奸臣，贪赃枉法，残害忠良。马骏借骂毛延寿、打严嵩之名，实际上是在鞭挞现实中祸国殃民的奸臣贼子，表达他对黑暗现实的不满和抗争的呼声。

马骏虽然对当局不满，但当他听到沙俄策动呼伦贝尔盟和哲里木盟等地一小撮反动的蒙古王公搞武装叛乱，妄图颠覆初建的中华民国时，还是十分愤慨，从民族大义出发组织一些同学上街散发传单，加以反对和声讨。

1915 年 1 月 18 日，为了使中国沦为日本独占的殖民地，日本驻京公使日置益向袁世凯递交了“二十一条”，其中就有“对旅大地区和南满、安奉铁路的租借期延至 99 年；吉长铁路经营管理权转让日本 99 年”。从此，日货开始大量地涌入宁安这个小县城，洋货充斥着大街小巷，卖的所有货物前面都加了个“洋”字，洋旱伞、洋布、洋铁盆、洋袜子、洋胰子（洋肥皂）等。这些日货的涌入，让当地的土豪乡绅蠢蠢欲动，他们都看到了洋货的“商机”。为了赚钱，那些财主不惜重金从日本人手中购买洋货，然后再高价卖给中国人。那时洋货几乎铺满整个宁安市场。当时，马骏正在宁安度寒假，听到这一消息，义愤填膺，就把当地的中小学生和群众组织起来，进行秘密串联。最初马骏只局限在知识分子当中，后来他把范围扩大到广大民众，他们“在清真小学、清真寺等处，把群众召集在一起，宣讲‘二十一条’的侵略实质，揭露袁世凯政府的卖国罪行”①。马骏还把市场上发现的日本草帽的帽顶扯掉，套在狗脖子上，以示反抗，宣传抵制日本货。马骏整天领着学生在街头巷尾高唱《勿忘国耻歌》，并亲自穿上长袍马褂自编自导自演新剧目《一念差》，讽刺袁世凯复辟，深受群众喜爱。在省立四中（当时在宁安）

① 中共牡丹江市委党史工作委员会、中共宁安县委党史工作办公室编：《革命烈士马骏》，黑龙江朝鲜民族出版社 1988 年版，第 72 页。

为毕业生做题为《中国现代青年学生的出路》的演讲中，马骏把中国比作一只老绵羊，列强们都来宰割，反动政府把中国的土地一块一块地送给外国人，要想收回这些土地，就得人人爱国，他慷慨陈词："青年学生念书求知识，不是为了升官发财，而是为了救中国，青年应当担负起为国为民挽救社会的神圣责任。"以唤醒人民起来反对帝国主义和封建势力。马骏的这些行为引起了当时乡绅的不满与恐惧，他们"善意"地劝其父亲马喜贵让儿子回来管理买卖共同发财，希望能以此拉拢软化马骏，分化和瓦解抵制日货的斗争，然而却遭到马骏的严词斥责和拒绝。开学后，马骏回到省城，为了唤醒民众，起来反对"二十一条"，他又联络省城各校，组织学生上街游行讲演。同时，他还组织了"国货维持会"，掀起抵制日货的高潮，使日商无法营业，甚至纷纷逃往长春、大连等地"避难"。

马骏"看饱了朝鲜人民亡国后的惨痛遭遇，看饱了日本帝国主义者横行霸道的狰狞面目，也看饱了中国军阀为虎作伥的丑态"①。每天映入眼帘的千百件具体事实告诉他：不能再受"上边"的欺骗，想靠那些军阀买办救中国只能等来亡国了。

1915 年 5 月，安徽合肥人王揖唐来吉林任巡按使，他一到任就给吉林教育界的保守派撑腰打气，对大胆革新的新派人物进行严厉打击。他以整顿学校秩序为名，一次开除 20 多名进步教师，韩梓飏自然成为榜首。这样一来，韩梓飏要把吉林一中"南开化"的思想就破灭了。吉

① 石英：《不灭的火焰——马骏烈士故事》，天津人民出版社 1961 年版，第 3 页。

林教育界再度陷入万马齐喑的境地。马骏为此极度愤懑，但改变现实的志向却愈加坚定和成熟。

面对那个动荡的年代，无数有志青年和先进分子站了出来，孜孜寻求救国救民的道路，马骏便是其中的一位。吉林地处边陲，信息闭塞。马骏听人说京津一带新思潮比较活跃，仁人志士集聚，便决心到那里去读书，寻找救国救民的真理。

马骏少年的经历，加之其刻苦学习，为其积累了渊博的学识，初步形成了他追求真理，矢志努力于民族解放事业的爱国主义思想，也为他一生壮丽的革命事业扎下了根基。

南开结挚友

1915 年 8 月，马骏考入我国著名的私立天津南开学校（今南开中学），从此开始了激荡心魄的四年中学生活。在这里，他结识了高他两年级的周恩来。由于理想、志向一致，他们共同参加革命活动，两人成为肝胆相照的革命挚友，共同成为南开学校爱国学生的中坚力量。

南开学校是按照欧美的教育模式于 1904 年建立的一所私立学校，创办人是严修和张伯苓，张伯苓任校长。张伯苓是海军出身，面对国难危重的现实，他秉持“育才救国”信念和“私立非私有”原则，提倡“以一私人力量经营之学校竟能与整个国家共前途同命运”。南开学校办校的方针是适应社会需要和时代潮流，倡导科学精神，严格训练学好基础知识，重视发展个人特长，增强爱国主义教育。南开学校教学严格、老

〉考入天津南开学校时的马骏

师优秀、校风优良，吸引了大批海内外学子投奔而来，成为中国北方最著名的中学，也为中国革命培养了一批先锋。

在南开学校的入门处，立着一面醒目的大镜子，镜子上方篆刻南开学校创始人严修书写的“容止格言”：“面必净、发必理、衣必整、钮必结。头容正、肩容平、胸容宽、背容直。气象：勿傲、勿暴、勿怠；颜色：宜和、宜静、宜庄。”短短几十个字，浓缩做人形象。把“容止格言”篆刻在“可以正衣冠”的镜子上方，更是别有一番深意，我们不妨称之为“镜箴”。“镜箴”主要从两个方面对学生进行了规范。对于学生的外表，“镜箴”的要求非常严格：“面必净，发必理，衣必整，钮必结。”有了这些“必”，进入校门的学生就有了一个好的面貌，学

〉天津南开学校主楼

生的精神状态自然也会焕然一新。在内在气质上，“镜箴”提出了一个标准：“气象：勿傲，勿暴，勿怠；颜色：宜和，宜静，宜庄。”以一个平和的心态去学习，以一个平和的心态待人处事，不骄傲，不狂暴，不懈怠，果能如此，恐怕不仅气质上会面貌一新，道德涵养也会更上一层楼。仔细体会，南开的“镜箴”，不是对学生行为加以规范的“守则”，既没有要求学生好好学习，也没有要求学生尊敬师长，甚至连遵守学校纪律都没有提。但正是这样一个简单的“镜箴”，却有着深远的意义。“以铜为镜，可以正衣冠。”一面镜子立于校门前，或许进入校门的学生每天只是瞄那么一眼，但面对镜中自己的形象，学生可以很清楚地看

〉马骏在南开学校读书的教室

到自己是否做到了面净、发理、衣整、钮结，是否做到了头正、肩平、胸宽、背直。久而久之，这面镜子自然会存于心中，而这时，学生或许已经达到或接近了“气象：勿傲，勿暴，勿怠；颜色：宜和，宜静，宜庄”的境界。

在那个中西文化开始碰撞，中国教育从私塾走向新学的过渡时期，进入南开学校的大部分学生几乎都与马骏一样有着相似的经历——从小在私塾读书，初涉西方文明的点点滴滴，在言行举止和思想意识中，都有着中国传统文化的底色。或许正因为如此，“镜箴”让走进南开学校的学生感到既新鲜又熟悉，也容易接受，更难以忘记。这也让 19 岁考入南开学校的马骏自觉地以此规范自己的衣着、仪表和一言一行。在南开学校期间，马骏举手投足之间都流露出英姿勃勃的朝气。

马骏胸怀大志、博学强识，国文科目极有根底，每当会考，常名列前茅。1919 年 3 月 2 日，《南开校风》第一百一十五期公布日前南开学校国语及英语演说名次，马骏国语第四名、英语第四名。

马骏以“镜箴”为鉴，是爱整洁干净的学生。在《校风》报公布的南开学校学生宿舍以“修理雅洁”而得奖的名单里，经常出现马骏住室的名字。校方向获奖者颁发了特制精美横方，上书“整齐清净”四字，以示鼓励。因为整洁，同学都不好意思坐马骏的床铺。

南开学校以社团数量多、学生课外活动活跃、校园文化丰富多彩而著称。社团是他们锻炼能力，补充课堂学习不足，促进全面发展的大舞台。马骏也曾是校内多个社团的骨干，1917 年 9 月，他被选为“自治励学会”会长。他同时也是“敬业乐群会”的骨干，在不同场合发表自己的主张。一次在讨论关于校服问题的议案时，马骏主张不用制服，理由是：“同学之家境不同，必多因经济问题不能置办，再者制服非上

〉马骏参加话剧演出

下身已也，冬有冬日之制服，夏有夏日之制服。此外，靴也、帽也、袜也、衬衣也，非多钱不为功，与其同学不能有一律服装，不肯整齐，何若不换制服为宜。”此番主张初步显露出他求实务实的思想。马骏还提议，关于制服问题暂不表决，待预算做出后再行决定。马骏的意见得到大多数与会者赞成并通过。在一次“敬业乐群会”的中秋节聚会上，马骏说的评书，声音洪亮且有板有眼。他参演南开新剧团排练的多部进步话剧，特别是在《一元钱》中扮演剧中的赵太太，惟妙惟肖，驰名京津。

在反对日本帝国主义向北洋军阀政府提出丧权辱国的“二十一条”的斗争中，马骏等同学群情激奋，奋起抗争，成为南开学校爱国学生和爱国运动的中坚力量。马骏是“天津南开学校讲演团”成员，经常在天津各处讲演，他也是中国最早的学生演剧团体“天津南开剧社”成员。马骏演出过《新村正》等话剧，用戏剧感化民心、唤醒民众。在统治者的

〉马骏与班级篮球队队友合影，右二为马骏

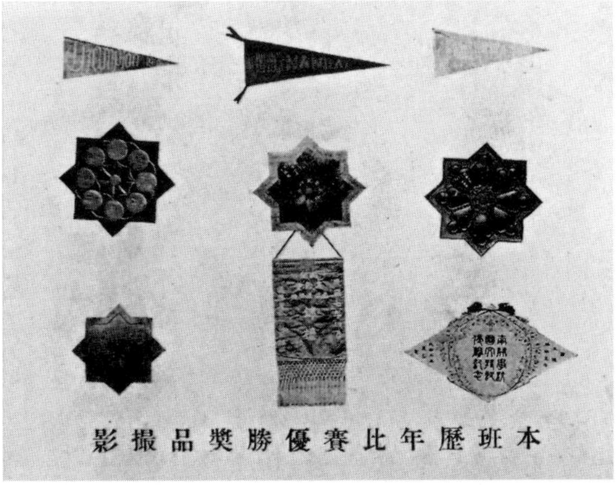

〉马骏所在班级历年在学校各种比赛中所获奖品

高压下，在污浊的空间里，马骏等先进知识分子一直在探索真正的出路，寻求新的光明。

马骏还特别注重德、智、体全面发展，他篮球打得好，总能代表班级获得全校名次。

在南开学校，马骏逐步培养起崇高理想，积累了比较扎实的知识，锻炼了优良的品德作风。该校第十三次毕业班同学录中，有马骏身穿制服的半身像，下注：“马君骏，君性慷慨磊落，口才便捷，曾两任本校演说会、学生会及自治励学会会长，又任义塾服务团总董及教务长。”这是马骏留给天津南开学校师生最深刻的印象。

讲士之才

马骏善于思索，学业优秀，口笔相应，尤其口才出众，演讲极具感召力。他积极参加和领导学校社团活动，曾多次在南开学校演讲比赛中获奖。随着国家和民族危机不断加深，马骏开始由一介书生结合社会实践，为革命的主张发声。

成立于 1909 年的南开学校演说会，曾得到许多热心老师的指导，吸引不少同学参加。演说会有会章，会员有证书。马骏不仅是该会成员，也是该会领导人。在马骏等人的领导下，该会在培养学生辩力、口才，宣传爱国主义方面成效卓著。他不仅在校内开展演说活动，而且走上社会，向广大群众宣传爱国救国思想，激发人们的爱国和革命热情。

1916 年 9 月 27 日，南开学校为举行演说比赛大会做准备，在理

〉马骏所在班级国文特试优胜代表合影，前排右一为马骏

化讲室开会，用抽签办法确定演说员次序及选择题目等。各年级共选定演说员 16 人，马骏为二年级的三名演说员之一。为迎接比赛，各演说员经常利用清晨，结伴远行到校南的郊外刻苦练习。10 月 4 日，演说比赛开始。据记载："挨次演说，各逞妙舌，不分高下，至理由之高大、辞藻之富丽，尤为听者所欢迎，故虽开会时间延长至五钟半许，而众同学听之津之，毫无倦意，足证演说员预备勤勉所受之效矣。"次日，公布比赛结果：第一名为三年级郑道儒：《今日中学生对于国家富有希望并如何预备救国能力》（99.6 分）；第二名为二年级马骏：《如何人

格方可谓之有价值》（94.2 分）；第三名为段茂澜：《金钱》（94 分）；第四名为专门部孔繁霱：《文字救国说》（93.8 分）。

马骏的演讲极具文采，直抒胸臆，不断提出独到的革命见解与主张，演讲稿总是能以“成绩之佳，为此前所未有”而被登载，使全校同学共享学研之益。

如何人格方可谓之有价值

今日鄙人所演说之题目为《如何人格方可谓之有价值》。题目之意是因世界上人类不齐，有一等人即有一等人格。上等人有上等人格，下等人有下等人格。吾辈欲于此种种人格之中，指定何一种人格方可谓之有价值。

以鄙人管见，有一等人对于一己有孜孜矻矻之功修，对于世界人有轰轰烈烈之事业。如此人格方可谓之有价值。简言之，即所谓能修己能治人者，方可谓之有价值。

然必如何修己，如何治人，方可谓之有价值。是又不得不详细说明。诸君皆知修己治人是不同时之事。修己在求学时代，治人在入社会做事时代。然须知吾人幼年求学、壮年实行。故二者正可出之一人。

人何为而修己。修己之法究应如何？诸君皆知子路是孔门高弟。子路曾问及君子。孔子应以最重要之语告之。而孔子答之曰：修己以敬。可知修己是最重要之事。所以人必须修己也。修己之法曰有二：曰事实上之修己；曰精神上之修己。事实上之修己曰广智；精神上修己曰养心。

人何为必广智。广智之法如何？人之于世必不可泯焉以终，没世无称。君子所疾必须建功立业，方可为不虚此生。然欲建功立业必须多知多能。人非生知之圣。欲多知多能是不得不从事于广智。所以谓必须之广智也。广智之法有六。曰：精研课内之书。曰：多览课外之书。曰：做旅行。曰：练习做事。曰：锻炼身体。曰：练习演说。六者备而后广智是谓事实上修己。

人何为养心。养心之法为何？人之做事虽形体为之，而筹划操纵者心也。心不正，则事不正。事不正，尚可谓之有价值乎。是所以必养心也。养心者正心也。养心之法无他，遏欲而已。人身种种私欲发达各有时期。能于其种种私欲发达时而遏之，是养心之要法也，欲即遏。然犹须加功。使至于孟子之四十不动心之地步，苏子瞻游于物之外而不游于之内之地步，王阳明之从吾真我之地步，则养心之功至矣。是谓精神上修己。智广矣，心养矣，可谓能修己矣。然后身入社会，以行其所学，是谓之治人。

治人之法无他，既以其修己时所养成之心为主脑，以所广之智为辅助。有斯二者，虽入极险恶之境，亦必不为其所动。虽遇极危难之事机，亦必不为其所困，挽狂澜于既倒，支大厦于将倾。出身问世，以身作则，能治人矣。

如上所说，能如此修己，如此治人，其价值为何如乎。是以鄙人谓唯能修己能治人方可谓之有价值。

请诸君高瞻远瞩，遍阅吾中国内，如此有价值者果有几人。大抵中国之人，有权利心无义务心，非狗苟而蝇营，即自私而自利。下焉者，以禄位为生命，以金钱为目的。上焉者，亦曾自命为国家伟人、社会中坚。而因势力所在，每起党派之争。总之人人只知有个人，而不知有国家。潮流恶劣，愈趋愈下，将来不知伊于何底。可胜浩叹。然吾人其将坐以待毙乎？是必不然。然则将如何？曰唯有造有价值之人而已。吾辈少年前途广大，欲成为何等人，即可为何等人。当兹求学时候，勤勉修己，将来身入社会，以救中国。身膺救人之责。挽回大局，非异人任。愿与诸君共勉之。

原载天津南开学校《校风》1916 年 41 期

这篇演讲稿充满了爱国主义的激情，不仅是一篇演讲稿，更是一篇精彩的论文。在演讲稿中，马骏引经据典，环环紧扣，鞭辟入里，发人深思，震撼人心。在这里，马骏对“修己”“治人”的论述，使我们可以深切地感受到马骏崇高的人生价值追求和深厚的国文功底。事实证明，马骏以他革命奋斗的青春，实践了他学生时代的价值理想。

在学校举行的第十二周年校庆大会上，校长张伯苓向全校演说比赛优胜者发奖。据记载，与赛者十六人，计分六组，奖者十人，各得书籍，按次有差。优胜班次为三年级，得奖牌一面，牌上嵌优胜班名并赛人姓氏，所以示永久也。会上，获奖的马骏等五名同学发表演说。那一时期，马骏做了很多精彩演讲。

我们的更大快乐（节选）

我们的志，是要同心协力去救中国。因为什么要救中国？因为中国与吾你是相戚相关。然而救中国，是将来的事，能否做到，尚不可知。在这个时候，我们为什么不把我们同荣同辱的三年一组，在南开做成一个强有力的班呢？中国的贫弱，不是物质的贫弱，不是因人力达不到。贫弱，是人不去做，才使中国贫弱啦。我们自发救国的青年，知道国家的病，就应当治她的病，就应当自己都去做去，就应当做个人的最好的去。

……

庸人之所以为庸人的，是因为他知过不改。诸君不是燕赵慷慨悲歌，就是江浙俊秀美杰，不然也得名山大川之影响，对于这个病，一定要改，我知道一定能改。就是兄弟庸庸碌碌关外的野人，也要奋力自勉，改去了自己大病，好追随诸君的后尘。我们同人，同心协力，互相规勉，为我们三年一组争荣，使三年一组之名震动全校人的耳鼓，不是难事。到那时候，我们岂不快乐，岂不更快乐。将来以此济国，国焉能不强？国已强啦，我们岂不是更大快乐吗？古人云：以前种种譬如昨日死，以后种种譬如今日生。凡事皆从今日做起。愿与诸君共勉。三年一组幸甚，中国幸甚。

原载天津南开学校《校风》1916 年 89 期

在这篇演讲稿中，马骏以亲切中肯的语言，以情喻理，声情并茂。说的是快乐，字里行间却充满了救国的思想。他把“快乐与救国”有机地连接在一起，精彩而富哲理，把口才与智慧尽展无余。国文教员赵公瑾先生评价其“属语极其有法，煞是讲士之才”。

学校各项活动，马骏总是积极组织并参与，总能和社会实践结合一起。1919 年 4 月初，学校教员张仲述特约四年级法制研究会四位同学，研究中国铁路应否共管一题。首先由陈尚文详述本题的发生范围及事实。接着，由邱凤翙模拟中国代表发言，赞成中国自己管理；马骏模拟日本代表发言，赞成日本管理；谢荣绅模拟联邦代表发言，赞成共同管理。

通过辩论活动，生动地揭露了帝国主义的侵略阴谋，使学生广开思路，坚定主张，增强爱国情怀。

从史料和档案中，我们能深深地感觉到马骏的演讲言宏词峻、声音洪亮、气宇轩昂，富有感召力和革命主义思想。“以诗言志”，马骏的演讲表达了他的革命志向，这种志向也在他短暂的一生中得到践行与固定。

五四运动先锋

邓颖超在《回忆马骏烈士》一文中写道：

> 五四运动一开始和整个运动的过程中，他始终站在最前列，是天津爱国运动的领导人之一。他具有高度的爱国思想，富有正义感，为人正直，性格豪爽，工作干练，认真负责。在当时，他奔走呼号，勇于斗争；他擅长讲演，语言简明有力，有煽动性；他积极参加实际斗争，不怕反动统治者的迫害，表现出高度的爱国热情和英勇的革命精神。

这正是在五四爱国运动中马骏的真实写照。

1919 年 1 月，帝国主义主持分赃的巴黎和会在法国举行，中国代表在全国舆论的压力下，向大会提出了废除势力范围、撤退外国军队和归还租界地等 7 项条件，以及取消“二十一条”、收回山东权利的陈述书。美国总统威尔逊一开始还装模作样地发表了十四点和平原则，振振有词地说了一些政治独立、领土完整之类的空话，许多人一时对英美还抱有“公理战胜强权”的天真幻想。在北京的各高等、中等学校里，学生也注视着巴黎，渴望着来自和会的好消息。人们在希望、在议论、在等待……

然而中国外交失败的消息不断传来，充分诠释了“自古弱国无外交”的定律。

帝国主义列强不顾中国战胜国地位，将德国在山东掠夺的权益全部转让给日本。北洋政府迫于帝国主义压力，命令代表团在“和约”上签字。帝国主义的狰狞面目、北洋政府的腐败无能赤裸裸地暴露在世人面前。巴黎和会上外交失败的消息迅速传到国内，一场反帝反封建的爱国运动如火山一样爆发了。

5 月的北京，风和日丽，春光明媚。

5 月 4 日下午 1 点左右，北京大学、高等师范、中国大学、汇文大学、朝阳大学、工业专门学校等 13 所学校学生 3000 多人，从四面八方聚集到天安门前，举行声势浩大的示威游行，抗议巴黎和会损我主权的决议。爱国学生精神饱满、群情激愤，手里拿着抗议旗帜，旗帜上面写着“还我青岛”“头可折，青岛不可失”“取消二十一条”“拒绝巴黎和约签字”“宁为玉碎，不为瓦全”“国民应当判决国民的命运”等字样，

〉北京大学示威游行队伍向天安门进发

涌上街头。学生不断振臂高呼“外争国权，内惩国贼”“废除二十一条”等口号，要求惩办亲日派卖国贼曹汝霖、陆宗舆和章宗祥。5 月 4 日北京城的革命风暴，唤醒无数有良知的中国人，教育界、工商界、爱国团体纷纷响应。学生罢课、演讲、宣传，随后天津、上海、广东、南京等地学生也参与和支持。

运动消息当晚传到天津。5 月 5 日大清早，叫卖号外的声音就叫醒了整个津门：

救国日报的特别紧急号外

昨日北京学界为争山东主权大示威

怒烧曹家宅，痛打卖国贼

廿余人被捕……

报纸号外证实了这一振奋人心的事件。学生急不可待地从家里奔向学校，从宿舍涌向操场。霎时铁拳林立，人声鼎沸。“中国万岁”“打倒列强”，雄浑的口号声震天津。

南开学校是天津爱国学生运动的中心，爱国运动“集合必南开，出发必南开”。作为南开学校的爱国学生，马骏自然勇立潮头。

五四运动爆发时，马骏原本正在专心复习功课，6 月将从南开学校毕业，准备升入大学部。听到北京学生的爱国行动，马骏顾不上升学，以极大的热情全身心地投入这场学生运动中，自始至终站在斗争最前列。

马骏是在校园里看到号外的，他一见上面醒目的标题，便高声地朗读起来，然后激动地说：“北京的同学真棒，太棒了，咱们天津也决不能落后！”他的话得到同学们的热烈响应，同学们当场决定由马骏率领代表到各校联络。

下课后，连午饭也没顾得上吃一口，马骏立即与同学们分头行动，走遍了天津市大部分学校。大家摩拳擦掌，强烈表示马上行动。尤其是直隶第一女子师范学校的郭隆真[①]、邓文淑（邓颖超）等都做了大量开展运动的动员和准备。官立中学的同学也发出了“宁为玉碎，勿为瓦全”

① 郭隆真（1894—1931），原名郭淑善，化名石衫、石珊、林一、林逸。回族，河北省大名县金滩镇人。她是河北第一位中共党员，是北方妇女运动的先驱者和工人运动的卓越领导人。

的誓言，这给了发起者马骏极大的鼓舞和斗争的信心。

当然，也有一些反常现象，那几天“请病假”的人多了起来。马骏清楚，他们并不是真的有病，而是在家“避风头”。虽说不是普遍现象，但这可能搅乱“军心”，降低士气。对此有的同学表示担心，马骏则安慰大家说：“咱们都看大处好了，广大同学的劲头都很足，那就要我们把队伍组织起来。至于那些请病假的，暂且就叫他们病几天吧。他们听了咱们的呼声，说不定病马上就好了，不请也会自来；当然个别人也许会病入膏肓，这也无损大局。”[①] 大家的信心和勇气瞬间被他的这番话全部提了上来。

南开学校、新学书院、北洋大学、北洋政法、水产、成美、官立中学等学校的学生纷纷集会游行，表示坚决声援五四运动。马骏的同学谌志笃回忆说：“过去一贯死读‘洋书’，不问国事，专攻机械、化学两科的天津高等工业学校，知道这个消息后，都激动起来，大家议论纷纷，课也听不进去。”[②] 天津各校沸腾了。6 日上午，各校代表联络后，决定在北洋大学召开天津学生代表会，支援和响应北京学生这一史无前例的大运动。当晚各校代表近千人，齐聚礼堂，成立了“天津学生临时联合会”[③]，马骏被推选为副会长，发誓不达目的誓不罢休。会议确定了该团体成立的目的：第一，要求北京政府即刻释放被捕的学生；第二，

---

① 石英：《天津革命烈士故事〈不灭的火焰——马骏烈士故事〉》，天津人民出版社 1961 年版，第 5 页。

② 天津历史博物馆、南开大学历史系《五四运动在天津》编辑组：《五四运动在天津》，天津人民出版社 1979 年版，第 687 页。

③ 石英、范之麟：《五四运动话天津》，天津人民出版社 1961 年版，第 8 页。

争回青岛。为了达到上述目的，又具体提出了致电政府、捐助经费、联络学界、组织公民大会四条办法。“天津学生临时联合会”成立后，决定于5月7日“二十一条”国耻纪念日举行大游行。可正在这时，人们发现在会上“慷慨激昂”的会长张鉴暄不见了。谁都清楚，他暑假就要毕业，此时出来搞学生爱国活动，既“担风险”又“误前程”，所以他这是在关键时刻退缩了。

5月7日，各学校都召开了纪念大会。新仇旧恨，人们倍加愤慨。一大清早，南开学校的布告栏上、走廊里、校门两旁的墙壁上，贴满了五颜六色的标语：“莫忘五月七日”“猛醒速进”“想想今日是什么日子”“主人奴隶定于今日”“惩办卖国贼”“抵制日货”“声援北京学生爱国行动”。一张张未干的标语迎接着早来的同学，这些标语凝结着马骏等人一夜未眠的心血。同学们走进学校，看到这些让人振奋的标语，瞬时把他们胸中的怒火点燃。

下午3时，集会开始了。这不仅是一个沉痛纪念“五七”国耻的大会，同时也是一个豪壮的动员群众奋起救国的大会。在热烈的掌声中，马骏刚毅而坚定地走上讲台，他那炯炯有神的目光、洪钟般的演讲，立刻把人们的心紧紧地团结在一起。他说：“今天是国耻纪念日，但我们不是单纯为了纪念，纪念正是为了洗雪国耻，要洗雪国耻就得奋起力争。主人、奴隶定于今日。北京学界已掀起做主人的斗争，我们天津也要协力奋斗。”马骏历数了中华民族数十年来蒙受的奇耻大辱和当前面临的深重危机，痛快淋漓，爱国热情溢于言表。马骏刚一讲完话，就有一位学生跑上讲台，哗的一声撕下一片衣襟，挥笔写了“五月七日”四个大字，然后缚于左臂上，举起这只胳臂高声呼道：“警醒国魂！”“不忘国耻！”同学们听后，都为之振奋。据记载，这次大会“开会时间甚长，而听者不倦，咸露一种骨鲠不拔、深沉勇毅之气象，而无轻蔑、暴进之态，国家一线希望系于此矣”①。全场的激昂情绪至此达到高潮，“还我青岛”“取消二十一条”“惩办卖国贼”“拒绝巴黎和约签字”的口号声不绝于耳。马骏被同学们的爱国热情所鼓舞，下决心在此后的日子里，绝不辜负大家的重托，不管风高浪急、凶险艰难，都在所不辞！

当天晚上，南开学校和其他学校的学生在附近的街市上举行示威游行，把反帝爱国的火种撒到天津各界和群众中去。

马骏为自己的付出和成功组织而欣慰，同时更加深切地认识到了群众力量的伟大：人民群众才是历史的创造者，是真正的英雄，是改变中华民族命运的真正的主要力量。

邓颖超在回忆马骏时说：“在天津有著名的二马，一是马千里先生，一是马骏同学(当时南开学生)。”②那时马骏的威望之高，在南开学校里，他的影响力甚至可与张伯苓校长比肩。马千里是20世纪初天津著名的爱国教育家，1908年考入天津南开学校，1912年毕业，以优等生的成绩被校长张伯苓挽留在校工作。他前后讲过英文、算术、代数、几何、法制、经济诸科，是邓颖超的老师。曾听过他授课的黄钰生老先生说：

---

① 天津《益世报》1919年5月10日。

② 邓颖超：《缅怀师友马千里先生——为纪念马千里先生诞辰百周年》，收入中国人民政治协商会议天津市委员会文史资料研究委员会编：《廿世纪初天津爱国教育家马千里先生——诞辰百周年纪念（1885—1985）》，1985年1月内部版，第2页。

“他讲课清楚风趣，要求学生严格，是认真负责的好老师。”受张校长委任后，他指导学生多项课外活动。如指导学生每周一次的演说会，同学们自己写稿，讲后由他评议，他还经常给学生做示范演说。邓颖超曾这样赞扬：“马千里先生是一个爱国主义者、教育家、社会活动家。他在青少年时期就怀有国家兴亡、匹夫有责的爱国之心、救国之志。”他对学生亲如手足，与学生之间没有师生之分，凡南开学校学生所有的课外活动，如讲演会、各种运动会、出版杂志报纸，以及话剧的演出，他都支持并积极参与，有时还与师生同台演出。

五四运动爆发时，天津学界迅速掀起反帝、反卖国、要求收回国家主权的爱国运动。马千里那时任南开学校第一任庶务主任，抱有爱国志向的他正在筹建大学部，但也积极投入轰轰烈烈的运动中，站出来支持学生的爱国行动。“5 月 12 日，他以学界代表的资格参加了顺直省议会召集的绅、商、学、报各界代表大会，积极建议声援学生正义行动事宜。”①

名师出高徒。马骏正是在马千里的指导和影响下迅速成熟起来。马骏敬仰马千里先生，马千里也欣赏马骏同学。他们在 20 世纪初的南开是最有名的“二马”。5 月 14 日，在马骏的主持下，15 所大、中学校代表在直隶水产学校正式成立了天津学生联合会，马骏当选为副会长

① 马翠官：《先父马千里先生为振兴中华战斗一生》，收入中国人民政治协商会议天津市委员会文史资料研究委员会编：《廿世纪初天津爱国教育家马千里先生——诞辰百周年纪念（1885—1985）》，1985 年 1 月内部版，第 64 页。

〉天津学生联合会成立地点——水产学校

兼执行会长。他再一次号召大家团结起来“永久不懈”[①]。大会通过了“以实行学生对于国家应尽之义务为宗旨”[②]的学联章程。马骏率学生演说团到天津各戏院进行反帝演说和宣传活动。据当时报纸报道，他的演说“慷慨激昂，听者为之动容”，极大地激发了市民们反对帝国主义的斗志和救国热情。不久，以女学生为主要成员的天津女界爱国同志会宣告成立。从此，在两会的组织下，男女学生纷纷走上街头集会、讲演、游

① 天津《大公报》1919年5月16日。
② 直隶一中校刊《醒》1919年5月26日。

〉天津学生联合会正副会长合影，左为马骏（副会长）

行、示威。"男女学校学生间的公开接触，这在天津还是破天荒的事！"[①]天津学生在反对帝国主义瓜分中国的同时，又开始向整个封建制度发起攻势。

5月23日，天津学生联合会领导全市中等以上学校学生一万多人实行总罢课，发布罢课宣言，散发传单，致电北洋政府。6月5日，天津学生联合会在南开学校广场召开有数千人参加的第一次爱国运动集会。天津学生联合会副会长马骏宣讲了具有崇高爱国主义精神的六项誓言：誓保国土、誓挽国权、誓雪国耻、誓除国贼、誓共安危、誓同始终。此后，更大规模的反帝爱国运动在天津轰轰烈烈地开展起来。

马骏宣布会后全体游行示威，自己担任总领队。游行队伍不顾军警大队的包围，纷纷涌向省长公署请愿。马骏等人被推为代表去见省长并提出三项要求：请对学生讲演勿加干涉；请省长电中央释放北京被捕的学生，并将青岛争回，将"二十一条"取消；请准开公民大会。省长曹锐在学生的强烈请愿下，不得不答应代表们提出的"准许自由讲演"等要求。

6月9日，河北公园人声鼎沸，马骏领导天津学生联合会在这里举行规模空前的声援北京学生斗争的公民大会。10点多，河北大径路的行人络绎不绝，人们三五成群地赶去公园参加公民大会，他们每个人手里都拿着小纸旗，喊着口号。据统计，本次活动天津各界民众二万多人与会，规模空前。警察和保安队都全身武装，如临大敌。整个河北公园

---

① 石英、范之麟：《五四运动话天津》，天津人民出版社1961年版，第11页。

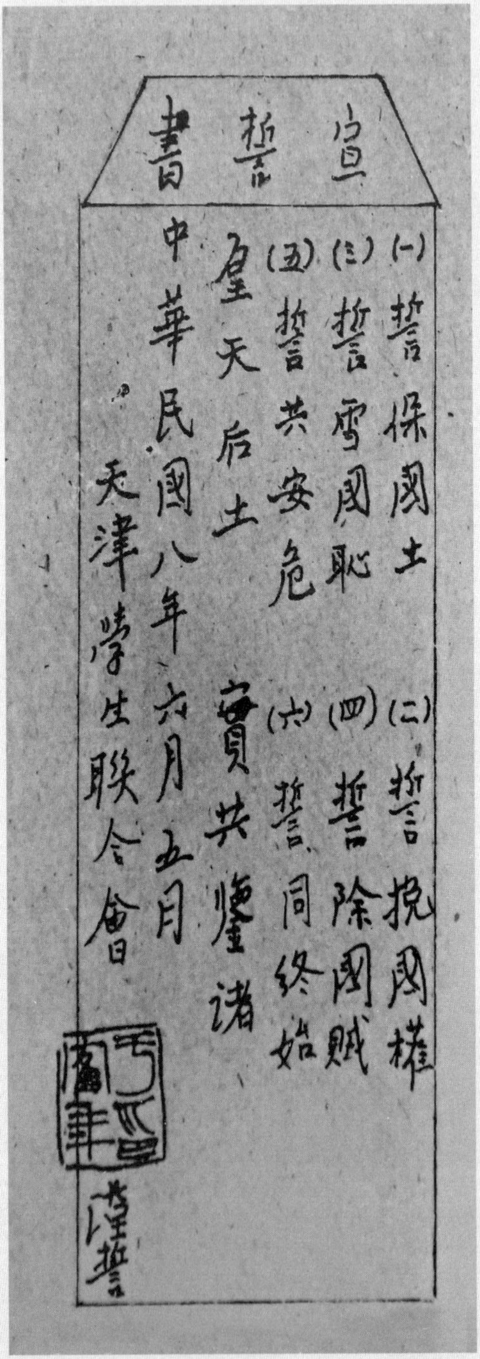
宣誓書

(一)誓保國土
(二)誓挽國權
(三)誓雪國恥
(四)誓除國賊
(五)誓共安危
(六)誓同终始
皇天后土
實共鑒诸
中華民國八年六月五日
天津學生聯合會
[illegible]誓

〉马骏拟定的宣誓书

里里外外经学生联合会的布置整齐严肃。“在公园中心小亭里有乐队，亭子抱柱上贴着一副对联：‘振民气合民力万众一心，御国敌除国贼匹夫有责’，特别引人注意，它在每一个参加大会的公民心里烙上了很深的火印。”[①] 大会开幕时，马骏在中心亭子会场致辞，报告此次大会的意义，同时声明我国外交还没有得到最后的胜利，卖国贼还没有受到惩办。而要达此目的，人民必须团结起来坚决斗争。马骏要求天津商会罢市，配合全国的“三罢”斗争。马骏的讲话，语调抑扬、情真意切、言辞中肯，深切表达了民众反帝反封建的爱国心愿，不时被雷鸣般的掌声所打断。随后，20 多处分会场分别在各讲演台上向民众做了沉痛的爱国宣传演讲。演讲者挥舞着手中的布旗，旗上书有“共济时艰”“匹夫有责”“共诛国贼”“百折不回”“群力救国”“还我青岛”“保护国土”“提倡国货”等口号。

当时有一个商人情绪激昂地登上台说，他是经营日本货的，从现在开始，誓死不再卖日货。还有一名学生跑到讲台上，用小刀刺破手指，血书“睡狮已醒”四个大字，受感动的群众“誓死救国”的呼声和经久不息的掌声震动天地。人们的爱国主义热情经此被极大地激发和释放出来。

① 中国社会科学院近代史研究所、近代史资料编辑组：《五四爱国运动》（上），中国社会科学出版社 1979 年版，第 556 页。

血溅商会

天津是华北的一个进出口大商埠，商会的活动对抵制日货起着关键作用。特别是许多商店的青年店员，斗争情绪极高，督促检查各商号制定了抵制日货的规定和办法，行动十分踊跃。

1919 年 6 月 9 日，天津学生联合会讲演后，“全体先赴商会谒见卞月庭、叶兰舫二君，要求提倡罢市”[①]。总商会面对学生“是中国危亡，间不容发，倘再因循，将无法挽回”的强硬态度，收回了起初准备开会研究三四天才能决定下来的托词，答应第二天就开会解决。

① 天津历史博物馆、南开大学历史系《五四运动在天津》编辑组：《五四运动在天津》，天津人民出版社 1979 年 12 月版，第 108 页。

天津总商会在学生联合会的动员下，于当日下午 4 点召集全体董事开紧急会议，研究罢市问题。“到会者六百余人，并有学生团代表谌志笃、马骏等七人到场旁听。”[①] 会议决定先致电中央，要求惩办卖国贼，保护爱国学生，限两日内复电，否则就实行罢市。全体代表举手赞成通过。

6 月 10 日清晨，全市各主要街路的商号，都张贴出总商会的罢市公告：

> 为公布事，案查本日全津商民、学生聚集数万人开公民大会，对于外交失败，惩办国贼，唯有以罢市为最后要求。本会鉴于人心趋向，局势危迫，无可挽回，当即决定自明日起罢市。望各商号一律办理，以待政府解决。
>
> 切切此布
>
> 一九一九年六月九日[②]

天津和塘沽的码头工人拒绝起卸日货，天津三个火车站（总站、西站、东站）的铁路工人一起罢工。各个商户也都认真执行罢市决定，紧闭门店，有的还在门上贴了对联：“救国要齐心，罢市有始终。”天津学生联合会为了配合罢工斗争，专门组织了讲演队，分赴各街道里巷，

---

① 天津《大公报》1919 年 6 月 10 日。

② 天津历史博物馆、南开大学历史系《五四运动在天津》编辑组：《五四运动在天津》，天津人民出版社 1979 年 12 月版，第 687 页。

向群众讲解罢工的原因和意义，全市罢工广泛积极且秩序井然。

商店罢市的消息吓坏了天津军阀当局。天津警察厅长杨以德闻讯后，立即给天津总商会文牍长（秘书）夏琴西打电话加以责问并威胁：“如果商店罢市，警察就要罢岗，这样市面的秩序就难以维持了。”杨以德妄图以此来恫吓商会，阻止商会罢市。马骏得知后，组织学生联合会连夜筹划对策，决定由各校的童子军和学生会分区负责站岗，维持市面秩序。各校学生联合组织了有 300 人参加的“学生临时警察队”，他们身穿操衣，胸前佩白布，上书“学生临时警察”六个字。在商店罢市的这一天，市面上虽行人众多，熙熙攘攘，但并未发生任何破坏事件。学生站岗时，手中各拿着一根棍子指挥车辆、行人，每两小时换岗一次。他们从黎明到深夜，一直忠实地履行着自己的职责，维持市内治安，市面上井然有序，使敌人的诡计“竹篮子打水——一场空”。

此时的北洋政府在全国工人罢工、学生罢课、商人罢市的强大压力下，早已无所适从，接着又收到天津总商会要求北京政府“急以明令并惩曹、陆、章及保护学生，以谢国人，而救目前”[①]的电文，就更加惊恐了。

北洋政府连夜召开紧急会议，匆忙决定批准陆宗舆、章宗祥“辞职”。会后，国务总理钱能训和内务部，分别急电直隶省长曹锐和天津总商会，告以曹汝霖、陆宗舆、章宗祥已“准其辞职”，“即希当众宣达”。同时又派遣国务院参议曾毓隽（兼任交通次长）携带总统徐世昌的指令，星夜赶往天津宣读此令。

---

① 天津《大公报》1919 年 6 月 11 日。

“辞职”过程中还有个小插曲。原来曹汝霖和陆宗舆两人虽然负气上过辞呈，但并非真心辞职，而章宗祥从来没有上过辞呈。徐世昌为了避免用“罢免”的形式，特派人专门到医院向章宗祥讨辞呈。因此事，段祺瑞派的卖国集团大骂徐世昌“卖友求荣”，强迫“辞职”。批准“辞职”与罢免性质不同，于全国人民并未达到“惩办卖国贼”的要求。尽管如此，人民的革命斗争运动，毕竟把三个卖国贼拉下了马，这是五四运动的一个重大胜利。

曾毓隽在省长曹锐的陪同下来到总商会，宣读了免去曹、陆、章的命令，对保护学生的问题，他答应：“回京后定能将此情形报告总统、总理，以促其成也。”[①]然后，继续劝说商会的董事们马上开市营业。

天津因有外国租界关系，不少商人与外国商人有所勾结，尤其是日本的轻工业产品充斥天津市面，一些买办、奸商从中获利很厚，因此，他们极力破坏罢市运动。在这些亲日分子的鼓噪下，商会董事召开紧急会议，公布11日开市。

11日晨，除一两家稍有国家观念的商号仍闭门停业外，其他的纷纷开市营业。马骏听说商会已发出布告，各商家已开市的消息，非常悲愤，当即通知谌志笃，并召集全体学生齐集青年会。大家在会议上本打算集体赴商会质问，为何出尔反尔，罢市目的还未果，竟食前言而开市。后来，担心市民不了解实情反而徒增误会，于是决定派出包括马骏在内的7位代表，前去商会讨说法。到达商会时已9时40分，当时参会的

① 天津《益世报》1919年6月12日。

有商会会长叶兰舫、副会长卞月庭、省会议长边洁卿以及杜小琴等共数十人。对马骏讲的罢市理由，会场上的人多数表示认可和同情，但只有一张姓的董事（张荫棠，是天津警察厅长杨以德的爪牙）在旁讽刺说：“马先生，你是贵处人？”马骏说：“我是吉林人。”张董事又问：“马先生在天津有买卖财产没有？”马骏说：“没有。”张董事即说：“莫怪了，罢市的损失与马先生无关，我们商人以商业财产为生命，罢市损失太重，不能再罢市了。”马骏接着以洪亮的喉音，向大家说：“救国本诸良心，我们奔走呼号，不惜任何牺牲，就是为了救国。商界刚罢市一天，就有退缩之意，良心何存，国民的资格何在？国若亡了，还谈什么商业财产？我虽无财产，尚有生命，情愿牺牲以报国人。”说完，马

〉天津总商会议事厅状貌

骏即起身离席，奔向会场的大明柱撞去，意拟触柱而死，幸被人在身后用力抱住，一时全场惊愕。当场遂通过二次罢市的决议。[①]

这是关于马骏到商会说服商董们罢市的一种表述。而据资料显示，还有另一个陈述。

马骏到达商会后，他压抑着内心的愤怒，尽量用平缓的语调说："学生罢课、商家罢市皆非个人私事，不过为青岛问题，而青岛问题即为全国存亡问题，譬如有人扼我之喉，将加之以白刃，倘能大声呼救，尚有转危为安之一线希望，否则待死须臾耳。今者南方罢市，距政府较远，并未发现何种效果；而北京又处政府压制之下，亦未能有何种举动，独我津埠本属北京咽喉，此次一经罢市，适足促政府之猛醒。乃曰昨代表来津，并未周知学界，又未经公民大多数认可，竟贸然发出布告，一律开市，岂不有违众意？况贵会罢市所要求二条，迄今一条尚未办到乎。鄙人因有所感触，以我四界之人既无恒心，又无毅力，今特分析为诸君言之。以我学界而言，自罢课而后，终日游戏者实不乏其人，所恃者唯我同志诸人而已。其次为耶稣教徒，今虽联络一气，协力进行，然在学生未发起以前，何以寂无声息？至云商界尤无坚持到底之表示，既不能牺牲少数金钱以谋永久之幸福，又缺乏爱国思想共图国是。最后，提及绅界，曩为对于某项交涉以及'二十一条'，未尝不竭力争持，须如前项交涉为天津一部分问题，今之青岛为全国问题，何以因前此少受挫折，

① 天津历史博物馆、南开大学历史系《五四运动在天津》编辑组：《五四运动在天津》，天津人民出版社 1979 年版，第 795 页。

今则袖手旁观耶？以上四界，所以令予不佩服者，即在各无牺牲力。兼之前者有人讥讽鄙人，既无财产，又无田地，焉能与各大绅商相比拟。然予之所愿牺牲者为何物，请死于诸君之前！”[①]马骏的一席话，使众董事瞠目结舌无言以对。说到这里，马骏顺手拿起桌上的瓷质烟灰缸用力朝自己的太阳穴猛击，接着又用同样的烟灰缸再次击打自己的太阳穴，“两罐俱碎，血流如注”[②]。随后，马骏又挺身把头朝商会议事厅的大柱子猛力撞去……众董事一时吓得捂住眼睛，亏得商会文牍长夏琴西站在柱子旁边，慌忙之间将马骏拦腰抱住，免于一死。但因激愤过度，马骏立时昏倒在地上。董事们一面手忙脚乱地搀扶起马骏，一面准备小汽车急送其去医院救治。

马骏大义舍生的爱国壮举，让在座的商董们甚为感动，许多人要求商会宣布重新罢市。商会立即将张荫棠逐出会场，商会副会长卞月庭擦着眼泪对大家说：“学生们既然如此大义，我们商界也不应对此淡然处之，否则将遗臭千古，遭万世唾骂。为此，我提议从明天（12日）起，继续罢市……”[③]会长叶兰舫也为马骏舍命救国的行动所感动，当众宣布:“以上决议的目的若未能达到时，倘不罢市，我决不进商会的门了。”于是，秘书长赶快起草布告，会长当即表示，立即恢复罢市。

马骏的坚决斗争，迫使总商会从12日起再行罢市。这次罢市使北

① 天津历史博物馆、南开大学历史系《五四运动在天津》编辑组：《五四运动在天津》，天津人民出版社1979年12月版，第120页。
② 中国社会科学院近代史研究所、近代史资料编辑组编:《五四爱国运动》（上），中国社会科学出版社1979年版，第483页。
③ 石英、范之麟：《五四运动话天津》，天津人民出版社1961年版，第42页。

洋政府大为震惊，斗争教育和团结了各界爱国人士。6 月 18 日，天津各界联合会应运而生。从此，更大规模的反帝爱国运动在天津轰轰烈烈地开展起来了。天津的五四运动掀起新的高潮，有力地支援了全国各地的爱国运动。据黑龙江档案“天津警察厅长张汝桐报告天津罢课罢市的函”记载：在马骏的带领下，天津学生、商人的爱国活动，有力地支援了全国的反帝爱国运动。

马骏受伤卧床后，饮食不进，医生诊断为“神经受伤，必须静养，始免危险”。前来慰问的人络绎不绝，有些人还留下营养费，但马骏却将这些钱转给了一些缺少资金的团体和组织。

20 世纪 90 年代，天津商会原址被拆除时，天津文化名人冯骥才阻止未果，自己出钱买下马骏头撞的红柱。因无从考证马骏撞的具体是哪一根柱子，他将四根柱子全部买下，作为永久纪念！

智斗警察厅长

1919年6月16日，经北京、天津学联倡议和全国学生运动推动，在上海召开了全国学联总会成立大会，从此，扎下了学生运动的大本营。天津选派马骏、刘清扬[①]为代表，到上海参加全国学联工作。孙中山先生亲自接见了全国学联代表，并给予经济支持，大大鼓舞了学生的斗志。

随着马骏在青年和各阶层人民中的影响日益扩大，反动势力开始忌惮他的影响力，马骏引起了他们的憎恨。反动势力意识到，要想扑灭日益高涨的群众运动，只有离间先进分子与广大群众的联系。天津的反

① 刘清扬（1894—1977），回族，天津人，中国共产党早期党员、最早的女党员之一，与邓颖超等人成为“中国妇女界的一面女权旗帜”。

〉1919 年 6 月 16 日，参加全国学联总会成立大会的各界代表合影

动政府为了加紧镇压爱国运动，派杨以德（外号“杨梆子”）为直隶省兼天津警察厅长。此人虽然目不识丁，却更为阴险狡诈，是个杀人不见血的魔鬼。他刚一上任，就跃跃欲试地要露上几手，把毒手伸向了马骏。

不早不晚，正是在马骏去上海参加全国学联开会的当口，天津所有官家御用报纸和帮腔的报纸，你唱我和，吹起了一阵歪风，说马骏勾结“过激派”，反对民国，同时还披露了杨以德等一手捏造出来的“证据”。谣言编得有证有据，使一些觉悟不高的人产生了疑惑，发生动摇。

几天以后，马骏从上海回到天津。当战友们把这个消息告诉他时，他却冲着大家幽默地一笑：“当‘过激派’，我正愁没人介绍，是不是要请杨梆子帮忙呢。”一句话，把大家伙都逗乐了，满屋将要窒息的空气一下子活跃起来。不过还是有人提醒马骏：“杨梆子这个流氓加刽子手，什么手段都使得出来，不能不有所提防。”马骏说：“提防当然要提防，更重要的还是得反击。要是一味后退，恶狗就跟你没完，还是捡起块石头，迎头给它一下。当然，方法要灵活多样……”在斗争中，马骏更加看清了反动政府的本质，学会不少和敌人斗争的方法。当晚，马骏便和战友们商定了反击策略。

第二天，天津各报上就登出了马骏的紧要启事：

> 鄙人昨日归津，忽得友人密报，现时某派因学生举动对该派不利，拟施各种手段以陷害鄙人，刻已诬造谣言，谓鄙人与反对国家主义之过激派通气，并造伪信以做凭证。似此卑劣做法本可置之不理，奈事关学生团体爱国前途，不得不据实声明，以求识者公鉴。

启事登出后，立刻引起轩然大波。一则是启事本身义正词严，二则是启事登得实在是恰逢其时。原来有很多人并不知道前几天马骏不在天津的事实，现在马骏一回来就做了严正声明，显然是杨以德趁本人不在此地时兴风作浪，这本身就说明了“官儿”们的做贼心虚。在马骏发出声明的当晚，就有一群学生包围了帮腔的报馆，将这家报馆的经理弄得狼狈不堪。第二天一大早，忙登出了“重要更正”，向马骏道歉，并保证“再不发生类似事件，望各界见谅云云”。

杨以德煞费苦心撒下的弥天大谎，就这样被戳穿在光天化日之下。

总统府请愿告捷

巴黎和约签字日期迫近，天津各界联合会推选马骏为总代表，率天津代表郭隆真、刘清扬等 10 多人赴京，联合北京学生 30 多人，于 1919 年 6 月 27 日早上 5 点，到新华门前向总统府请愿。

从 1912 年到“五四”时期，民国政府历经五位总统：孙中山（临时）、袁世凯、黎元洪、冯国璋、徐世昌。1911 年辛亥革命后，孙中山被 17 省代表于 12 月 28 日推选为中华民国临时大总统，并于 1912 年 1 月 1 日（辛亥十一月十三日）在南京宣誓就任，总统府在南京。2 月 13 日，孙中山辞去临时大总统，向临时参议院推荐袁世凯接任。袁世凯被推举为首任总统，后将总统府迁到北京。徐世昌在北洋军阀统治时期多次出任国务卿。1918 年 10 月，冯国璋下台，皖系首领段祺瑞看到徐世昌是文人，易操纵，指使安福国会选举其为总统。

以马骏为总代表的赴京请愿代表团，徐世昌根本不肯接见，以各种借口进行搪塞。一会儿是军警头子，一会儿是徐世昌的秘书，他们反复出来轮番表演，有的装好，有的作歹。有时用甜言蜜语称赞大家的爱国行为，有时板起面孔以职权法令恫吓大家，目的只有一个，就是用缓兵之计把请愿者骗出总统府，然后再行高压手段，破坏这一爱国行动，以达到卖国集团预定的签约计划。但是，代表们的正义主张和坚决态度粉碎了他们的阴谋。马骏气愤地对大家说："如果徐大总统一天不接见，我们的队伍就一天不解散，十天不接见，我们就在这儿等十天，不达到目的，决不罢休！"[①]于是请愿斗争接连进行了两天。

窃国者在爱国者面前，一般是受两种心理支配的，既惶愧畏缩又擅作威福，徐世昌也不例外。"他是怕和群众见面的。首先传达处就提出要大家写请愿书，由他们转交，再候批示。群众听了无不愤怒。在这样紧急的关头，绝不容许他们故意拖延，以遂其卖国阴谋。经过长时间的交涉，他们用电话向里面联系很久，才得到回话，允许推举代表进去。代表们进去后，大队学生和各界市民都在新华门外等候，有纠察队维持秩序，自始至终井然有序。各界人士激于爱国热情，送来饮料食物，源源接济，供大家食用。"[②]在斗争压力之下，徐世昌不得不于第二天晚上 9 点接见了请愿代表。代表们由新华门前被带进怀仁堂大厅里，"围

---

① 仲草：《冲破黑暗的雄鹰——马骏同志》，《北京日报》1980 年 5 月 3 日。

② 天津历史博物馆、南开大学历史系《五四运动在天津》编辑组：《五四运动在天津》，天津人民出版社 1979 年版，第 739 页。

着一张大方桌子坐下，只留下北面的一个空位子，身后团团站着森严的警察。不一会儿，徐世昌摇把扇子，穿一身纺绸短褂阴沉沉地出来，在空位子坐下”①。他一进门就给人一种阴森的感觉。“紧张之势，如临大敌。”② 马骏沉着地站起来，非常严肃地直指徐世昌说：“你身为大总统，就有责任保护国家的领土和主权，你必须拒绝在丧权辱国的巴黎和约上签字。如果你接受了我们的请愿，全国学生和人民都愿意做你的后盾，反对帝国主义的侵略！否则，全国人民势必斗争到底！”“我们绝不允许肮脏的巴黎和约，把我国的山东主权转让给日本。……尤其是所谓的‘二十一条’，必须否定……在国际会议上绝不能签订任何密约，以免丧权辱国……”③ 接着又有各省代表分别站起来讲话。代表们的发言一个接着一个，激动而愤怒，慷慨陈词达两个小时之久。

徐世昌一边听着各代表的陈词，一边偷偷看着他们的表情，只见代表们态度严肃、意气激昂，让他感到正气逼人，众怒难犯，扇子扇得更快了。最后一个代表的发言结束后很久，徐世昌才缓过神儿来，从稀疏的胡子中间发出断断续续有气无力的声音说：“你们如此爱国——实在是——国之大——幸，不过——以后不必远途奔走，使我——心中——不安，和约政府决定不签字——”④ 就这样，在“爱国人民的威逼之下，徐老头不得不嘱令秘书当场拟好电文，拍往巴黎，命令参加和会的中国

① 刘清扬：《忆马骏》，《民族团结》1958 年第 2 期。
② 天津历史博物馆、南开大学历史系《五四运动在天津》编辑组：《五四运动在天津》，天津人民出版社 1979 年版，第 741 页。
③ 仲草：《冲破黑暗的雄鹰——马骏同志》，《北京日报》1980 年 5 月 3 日。
④ 石英、范之麟：《五四运动话天津》，天津人民出版社 1961 年版，第 50 页。

代表拒绝签字”[1]。

此时，激烈的斗争也在法国首都巴黎进行着。在出席和会的代表之一顾维钧的回忆录里记述了当时的情景：“在巴黎的中国政治领袖们、中国学生各组织，还有华侨代表，他们全部每日必往中国代表团总部，不断要求代表团明确保证，不允保留即予拒签。”[2]6 月 27 日，当德国代表到达巴黎时，在法华工万余人纷纷集会，要求中国代表拒绝出席次日举行的签字仪式，并且宣称，如果代表签字，将会受到像北京学生给予曹汝霖等卖国贼一样的对待。

“6 月 28 日是巴黎和会签字的日子。从清晨起，两万多名华工、留法学生和华侨，分别包围了中国代表团驻地芦蒂霞旅馆和圣·克劳德医院，如铁桶把陆征祥等困在里面。群众愤怒地说：‘哪个大胆的敢去签字，我们情愿用三个人去偿命，也要把他杀掉！’他们还写好了准备偿命的人的名单。在这种形势下，加之顾维钧等爱国外交官抗议，中国代表要在和约上签字已不可能。6 月 28 日下午 2 点，协约国代表与德国代表在巴黎凡尔赛宫签订和约。仪式开始时，会场代表席中出现两个空位，这是中国全权代表的席位。到午后 3 点，当和约签字完毕时，出席和会的各国代表们看到，中国代表席上，仍然空荡无人，他们惊惧地得出结论，中国人抵制了巴黎和会的决定，坚决拒绝在凡

---

① 天津历史博物馆、南开大学历史系《五四运动在天津》编辑组：《五四运动在天津》，天津人民出版社 1979 年版，第 709 页。

② 《顾维钧回忆录》（1），中华书局 1983 年版，第 206—207 页。

尔赛和约上签字。”[1]

没有中国的签字同意，日本在对德和约中所取得的在中国的特权，就是空头支票。同样，其他帝国主义国家对日本在华特权的承认也就是一纸空文。这对于参会的各帝国主义国家无疑是一个沉重的打击。这一举动，是中国近代外交史上的空前之举，改写了几十年来中国统治者与帝国主义打交道的崇洋媚外、凡谈必败的历史。

接着，报纸发表了这样的消息：28日我国专使拒绝出席签字。这个出乎列强意料的举动，像一声晴天霹雳，炸裂了傲慢无礼的帝国主义列强代表们的脑门儿，斗争取得了胜利！历史也记录下一个志士的名字——马骏。

① 张洪祥等：《五四运动与中国共产党的诞生》，天津社会科学院出版社1991年版，第88页。

风行一时的《天津学生联合会报》

天津学生联合会为进一步宣传、组织和领导天津学生的爱国运动，进一步唤起民众，激发爱国热情，继续揭露反动政府卖国的阴谋，亟须创建自己的舆论阵地，以便通过自己的报纸，发出自己的声音，不再受那些报馆、电报局的限制。

当时在上海参加全国学联活动的马骏得知周恩来从日本留学归来后，立即写信给他，介绍上海的情况及全国学联的中心任务，鼓励天津学联要誓死斗争、坚持到底。马骏认定，他是办报最理想的人，并热情地邀请和委托他任《天津学生联合会报》主编。回到天津，马骏专程拜访了他，共同商讨筹办《天津学生联合会报》的具体事宜。

紧张的筹备工作开始了。当时办报最麻烦的一道关口是通过警察厅的立案。当学生们第一次到警察厅申请时，主管科长打着官腔说："研究研究，回去等着吧！"但马骏早已识破了他们敷衍拖延的伎俩，接二连三地去催问。当时的警察厅长本想不批准，但碍于学联是合法组织，办报又是"约法"之内，不好公开撕破脸皮。最主要的是，此时学生运动正风生水起，高潮不断，如同燎原之火，势不可当。警察厅长思前想后，没办法，只好应允"核准"。

学生办报纸，要钱没钱，要人没人，要经验没经验，《天津学生联合会报》举步维艰。最难的还是资金问题。开始时他们的全部资本就是几颗火热的心。为了筹备经费，马骏等人带头演新剧募捐，举办了两场话剧义演。全市各界人士，基于爱国热情和对学生们壮举的同情，踊跃前来观剧。两场戏票，仅用了短短几个小时就预售一空。

马骏等人聘请了几位热心救国运动、编过壁报的同学成立学联报编辑部。经过大家的共同努力，一切准备工作都有了眉目。报纸编辑部的全体工作人员，马上投入紧张的战斗。

7 月 12 日，《南开日刊》上刊出《旨趣书》一文，作为《天津学生联合会报》正式出版发行前预热，随即便在各大报纸上刊登出来，并达到了预期的效果。天津各个学校的学生会都在布告牌子上贴出了登有《旨趣书》的报纸。同学们被其鼓舞，如饥似渴地阅读着、传诵着！"……日本的米骚风潮，朝鲜的独立运动，这都是受世界新思潮的波动……我们学生感受这种思潮……实在不能不有个觉悟……"

"我们学生联合会在求社会同情的时候，不能不有两个利器：一个是演讲，一个是报纸。……一、联合会日刊，是学生联合会的舆论机

(星期二) 中華民國八年八月五日 天津學生聯合會報 舊曆己未年七月初十日 (第一版)

天津學生聯合會報

THE TIENTSIN STUDENT

DEMOCRACY: A GOVERNMENT FOR THE PEOPLE BY THE PEOPLE AND OF THE PEOPLE-OUR MOTTO

星期二 (中華郵政局特准掛號認為新聞紙類) 第十五號

今日出一張 (本事務所暫設南開學校) (電話六百四十九號) 零售銅元一枚

〉《天津学生联合会报》报样

关，所以必须同联合会一致始终；二、本‘革心’同‘革新’的精神，立为主旨；三、联合会日刊完全是学生自动的组织；四、本民主的精神发表一切主张；五、学术研究的发表，不分派别，但以稿件合于社会的进步作标准；六、对于联合会有建议的责任；七、文字以浅白为主；八、新闻的记载有关于社会生活，人类进步为范围，并且力求敏捷；九、对于社会生活同各种学术，用哲学的眼光，科学的解析，下公允正确的批评；十、介绍国民必需的常识于社会；十一、介绍现在最新思潮于社会；十二、文艺的登载，以切合人生为范围……”[①] 这段话全面阐明了学生联合日报的办报宗旨和思想。

---

① 石英、范之麟：《五四运动话天津》，天津人民出版社 1961 年版，第 52 页。

当天，天津学联新闻科的电话铃声响个不停。有来自北洋大学的，有来自第一女子师范学校的，有来自水产学校的，有来自中西女校的……他们都迫不及待地询问一个事："咱们的报，什么时候出版？"

"日刊"编辑部的同学们听到来自同学们期盼的声音，非常高兴，他们更加体会到了工作的意义。第二天就在各报登出了"出版预告"，宣布出版日期，介绍日刊内容分为《主张》《时评》《新思潮》《新闻》《国民党议》《函电》《文艺》《翻译》八个栏目。预告还登出了招登广告的声明，不过有两个原则不能违背：一是日货广告一概拒登；二是振兴实业、发展国货等广告愿打折刊登。

大批的订报函件像雪片一样飞向"联合会日刊"的经理股。截至出刊的前一天，就有订户将近两万。订户中不仅有学生，也有教员、铁路职工、邮局职员、爱国资本家、家庭妇女。不仅有天津的，也有北京的、保定的，甚至还有上海的。有一封订报信还特别注明，他原来看别的报纸，现在决定退掉，改订《天津学生联合会报》，最后还叮嘱写道："务请寄来，勿负热望……"

1919年7月21日，《天津学生联合会报》以全新的战斗姿态创刊了。这份被很多爱国人士殷切盼望的报纸，现在终于面世了。创刊号刊出了以"革新！革心"四个大字为题的发刊词，提出的要改造社会必须自觉改造思想的主张，立刻就吸引了数万读者，使天津学生界受到极大鼓舞和启发。他们买到报纸，如获至宝地捧读它，感觉它字里行间都闪着光芒，仿佛它上面的油墨气味，都带着一股"革心"的清香。

大街上到处能看到学生卖报员走街串巷的身影，他们带来的一百份报纸瞬间卖完了。再拿来一千份，很快又销售一空。卖报员一遍遍地向没有买到报纸的人解释，买报人遗憾地叮嘱他们："以后可得多印些啊！"

警察们过来干涉卖报，想夺下报纸，卖报员们机警地跳上电车。电车开走了，警察们只能眼看着电车离去。卖报员要买电车票，司机爽快而幽默地说："不要买了，爱国学生可以免费。"

《天津学生联合会报》创刊20天之后，以该报为核心，把当时各个学校的校刊——北洋大学日刊社、醒世日刊社（女师）、师范日刊社、南开日刊社一一组织起来，成立了"天津学生报社联合会"。这样一来，全市各校的宣传队伍和战斗阵地，都紧密地团结和联系起来了，把民主救国的种子播到各个角落。

《天津学生联合会报》的社论，尖锐辛辣，有的放矢，总是针对天津五四爱国运动的具体情况发表意见，战斗性很强。马骏等人在报上不断地揭露日本帝国主义侵略中国的罪行和阴谋，使人们认识到日本帝国主义的本质，从而对它不抱任何幻想。同时，报纸还不断地揭露卖国政府对外屈辱妥协、对内压迫人民的反动嘴脸，以期唤醒国民起来斗争。

《天津学生联合会报》经常用新闻报道、评论等形式反映天津各界人民抵制日货斗争的情况，揭露资产阶级的动摇妥协性，敦促商人抵制日货，鼓舞各界人民的斗争士气。同时，非常注意报道当时国内外的时事消息，有时也翻译外国的文章直接在报上转载。还经常刊登全国各地爱国运动的进展情况，并且大力提倡男女平等，反对压迫妇女的封建

〉印刷《天津学生联合会报》的印刷机

礼教，提倡时代新风尚。

《天津学生联合会报》以其鲜明的战斗风格和姿态，赢得了天津学生和各界人民的欢迎，报纸在北京、天津的影响越来越大，几乎达到人尽皆知的地步。报纸的新思想把天津学生界都团结在反帝反封建的大旗之下，成为宣传反帝爱国思想的有力武器，成为天津学生爱国运动的领导工具。

五四运动爆发的最初几天，码头工人就举行了大罢工，拒卸日货，这是五四运动期间在无产者中树起的第一面旗帜。青年学生的呼号与无产者的声音，逐渐汇成一支震天动地的交响乐。青年学生认识到，无产阶级是时代的骨干，工人是最坚强的力量。

马骏等先进分子一直在关注着工人们的行动，《天津学生联合会报》创刊后，为了推送到工人中去，更有力地推动抵制日货，增加了报纸的印数。他们首先取得了电车工人的大力协助。因同学们一有空闲就带着报纸到街上去卖，卖报员的人数增多了，而电车不仅依然不向他们收取票钱，而且都愿意让他们到自己车上卖报。可是学生们哪里知道电车公司是比利时经营的，公司的经理终于知道了这件事，于是下了一道命令："凡售票员不让卖报员买票者，课以罚金，罚金数额按原票价的两倍……"电车工人对此表示抗议，在同一时辰里把电车搁在车站上不管了。一辆辆电车陈尸一般躺在地上，连哼也不哼一声。不到一天的时间，这位比利时公司的经理就乖乖地收回"成命"。这次斗争的胜利，映射出了早期工人运动的影子。

随着《天津学生联合会报》的影响越来越大，北洋政府对它的仇视也日益加深。天津警察厅长杨以德密报北洋政府，最终查封了《天津学生联合会报》。

《天津学生联合会报》虽然仅生存了短短几个月的时间，但是凝结了马骏等人的心血，彰显了他们的革命斗志，在五四爱国运动史上留下了光辉的一页。

惩治马良的无良

五四运动原本即因山东问题而起，山东全省人民抗日爱国的热情自然也极为高涨。可就在这时，山东当局媚日军阀、山东镇守使、戒严总司令马良，却秉承北洋政府的旨意，为了镇压爱国运动，逮捕、毒打和枪杀为抵制日货游行的学生和市民，并实行戒严，制造了震惊全国的“山东惨案”。

马良还亲自率领拳术队到西关回族同胞聚居区巡查，发现骂他的标语和漫画就抓人、杀人。马良在杀害马云亭等三人后，还扬扬得意地说：“我是回人，先从自己开始，杀几个回人给大家看看！”接着，马良又到各学校召集学生训话，大言不惭地说：“我是拥段（段祺瑞）的，段先生参战有功，谁若反段，就是我的对头。谁反对我，就逮捕谁。国家大事用不着你们管……不好好念书，这是造反……”当他讲到这里的时候，便有学生纷纷起来反驳：“我们是受良心的驱使！”“是中国人就应该爱国，试问爱国有罪吗？”马良被问得恼羞成怒，立即命令大刀队，痛打质问的学生，结果引起全体学生的反抗①。

由于天津爱国运动不断高涨，而且天津邻近山东，所以山东的爱国斗争首先得到天津的声援。两名山东学生代表来到天津呼吁声援，在天津各界联合会特别会议上，他们向各界报告了山东救国运动遭受打击的情况和马良残杀爱国者的罪行。与会的各界代表无不愤慨，都认为有必要以天津各界联合会的名义通电全国声讨马良。马骏听到马良罪行的消息，义愤填膺，痛斥马良是民族的败类！他要扩大宣传，让马良的罪行家喻户晓，特别是在回族同胞中，他要把马良彻底搞臭，清除马良的影响。

马良的罪行，不仅激起山东各界人士的愤怒，也引起了各地爱国民众的公愤。全国各地迅速掀起了声讨反动军阀马良的运动。北京、天津、上海、唐山、南京、广州等地的群众以及留日学生，纷纷举行集会和游行示威。他们控诉马良和军阀的暴行，要求解除山东的戒严，惩办凶手马良。

天津各界联合会发出了致各省的通电，指出：“暴君马良在鲁，借口戒严，擅杀无辜，仗势凌民，全国公愤。中央任其所为，残杀人命，虐待学生，致使民气莫伸、民冤莫诉。”强烈要求北洋政府“依法昭雪，

① 彭明：《五四运动在北京》，北京出版社 1979 年版，第 235 页。

将马良明正典刑”，并解除戒严，“以谢国人，而伸公愤”。[①]

马骏约集天津女界爱国同志会成员、直隶第一女子师范学校回族学生刘清扬、郭隆真，共同做了周密详细的安排后，于8月8日，借回族民众做礼拜的机会，到天津清真北寺门前，召开了一次有200多人参加的大会。马骏向到会的民众宣讲马良的罪行，同时，就国家和民族、宗教和信仰的关系做了精辟的论述。开始进行宣传时，某些回族同胞还有些疑惑，在他们看来，马良在回族中可算是一个名人，因而对他还存有一些幻想，希望他能改善一下回族同胞受压迫受歧视的地位。有人甚至还很景仰马良，虽然马良的字写得稀松平常，但这个清真大寺里“真主独一”的金字匾还是请他写的。当马骏今天来到这里，揭露马良的罪行，对于某些人来说，确是有些不敢相信。马骏早料到了这一点，知道动员回族同胞与马良斗争是一件困难的工作，但他更坚信回族同胞在事实面前是可以觉悟的。因为绝大多数回族同胞都是穷苦人，只要细心耐心，将马良的面罩一揭，回族同胞就会群起围攻这只狰狞的恶狼。所以，他首先向大家强调说：“我也是个回民，我也很希望我们回族同胞每个人都是爱国者。但痛心的是，却出了像马良这样的少数败类。为了维护我们回民的声誉，为了告慰马云亭老先生在天之灵，我不能不把马良的罪行向教友们揭露。”马骏的这番话说得诚恳委婉而又深沉激昂，深深地打动了到会的每一位回族群众。尤其是他们素来对于马骏很是赞佩，常以回族同胞中出了这样一个爱国壮士而引以为荣。更何况马云亭

① 天津《益世报》1919年8月19日。

老先生仗义执言的为人和妙手回春的医术，也是远近皆知的。这样，马骏他们的第一道难关算是突破了——回族同胞已相信马良是个杀人犯。但马良为什么要杀害自己的老友，有些人却还不大理解。而马骏却好像猜透他们的心思，继续说道：“是的，马良也是回民，可是为了讨好日本人，为了升官发财，他就可以拿咱们爱国老友的头，拿咱们自己人的鲜血去送礼、去当台阶。事实证明马良跟咱们走的是两条道，跟咱们贫苦回民不是一家人，他不可能给咱们办好事，只会骑在咱们脖子上……同胞们，咱们要为难友报仇，咱们要坚持救国事业，打倒败类马良！”言毕，人群中立刻爆发起一阵暴风雨般的掌声。马骏用事实真相和激情的演说，引起了与会者的共鸣，擦亮了人们的眼睛，使人们醒悟，随即一致通过了声讨马良的电文。

在群情激愤而怒不可遏的情况下，为了彻底清除马良在回族民众中的影响，马骏紧接着又严正地说：“清真寺是慈善真主的神圣所在，难道咱们能容忍卖国贼写的匾挂在这里，玷污圣地吗？”大家同时响应：“不容许，把它摘掉！”瞬时有人搬来梯子，愤怒地摘下马良写的字匾，扔在地上，倒上火油，堆上柴草，熊熊大火发出的响声，如同对卖国贼的声讨。

在马骏的号召下，天津的回族同胞首先掀起了反马良的斗争。在斗争中，经过马骏等人的努力，汉回人民自始至终紧紧团结在一起。天津的回族同胞掀起的反马良的斗争，对全国回族同胞及各界的反马良斗争产生了积极的影响和推动。

“马天安”的由来

在人们的印象中，1919 年的五四爱国运动，从 5 月 4 日北京学生在天安门的集会游行到 6 月 28 日巴黎和约的拒绝签字，运动可以结束了。其实不然。天安门集会不过是五四运动的开始，斗争远远没有结束。随着各地惨案的不断发生，群众运动又不断掀起高潮。以后的日子里，全国各地的学生和群众多次在天安门集会。最大的一次是在 8 月 28 日的全国各界示威大会，而这次游行示威的总指挥就是马骏。

马骏在天安门前表现出的那种不屈不挠、大义凛然、不怕牺牲的精神，在人民心中留下了难以磨灭的印象，人民称颂他“马天安”。这是一个值得骄傲的名字，一个充满了历史风雨和英雄气概的名字！

“山东惨案”后，痛击马良的斗争，并没有以摘匾的胜利而告终。

〉人民英雄纪念碑上振臂高呼指引方向的青年是以马骏为原型

8 月 23 日这一天，天津学生联合会办公室里的人们都显得特别焦虑不安。马骏手拿一本《新青年》，半天也没翻一页。大家都在等待北京的消息。天津学生联合会为了声援“山东惨案”，派郭隆真、刘清扬、张若名[①]等 10 人为代表，于前一天晚上已去北京，按照计划，今天代表们应该会同北京、山东的代表一起去向总统请愿，要求解除山东戒严，惩办凶手马良。可是迟迟没有消息，这让他们有些担心，他们有各种推测和猜想，甚至有的人提出去京支援。

原来，天津学生联合会派出的代表们会合北京学生代表瞿秋白等 15 人，齐聚“总统府”前请愿。代表们递过请愿书，要求惩办马良。

① 张若名（1902—1958），河北清苑人。觉悟社成员。早年参加五四运动后出国留学。她不仅是中国妇女运动的先驱，还是中国第一位法国女博士，她一生的中法文著作近百万字，为中法文化交流做出了重大贡献。

军阀政府本是蛇鼠一窝，不但不接见请愿代表，反而在太阳西下的时候，派军警和穿黑大褂的便衣，包围了手无寸铁的学生，把代表们拘押在京师警察厅。

正当天津各界联合会和天津学生联合会焦急地等待着代表们请愿的结果时，电话里却传来了代表们被捕的消息。消息传来，大家震惊加震怒。马骏丢下电话耳机，痛恨交集，不由得当场顿足捶胸。天津各界联合会和天津学生联合会决定再接再厉，马上再派代表连同北京、唐山、烟台、济南等各地代表，赴京请愿。马骏和大家商量，准备组织队伍，赴京营救被捕的学生，并提出三项要求：（一）惩办马良；（二）解除山东戒严；（三）立即释放被捕代表。第二批请愿代表团立即组成，总领队由马骏亲自担任。马骏刚毅地说：“倒要看看卖国政府的监狱里，能不能容得下这些人。”[①]他深知，此行的目的一是营救被捕代表，二是向他们表示爱国人士是不怕牺牲的，以此来唤起民众的觉醒。

天津组成了几百人的队伍，“请愿队伍由马骏带领于25日分批进京”[②]。由于北洋当局早有戒备，派人在车站检查，不准学生乘坐火车进京，代表们便事先约好，大家化装出发。女同学多数都打扮成普通女子的模样，将平时梳的左右两边的学生辫，梳成一个“八”字盘在后脑勺上，上穿白宫纱短褂，下穿黑洋绉裙子，手提一个包着学生制服和毛

---

① 天津历史博物馆、南开大学历史系《五四运动在天津》编辑组：《五四运动在天津》，天津人民出版社1979年12月版，第714页。

② 天津历史博物馆、南开大学历史系《五四运动在天津》编辑组：《五四运动在天津》，天津人民出版社1979年12月版，第715页。

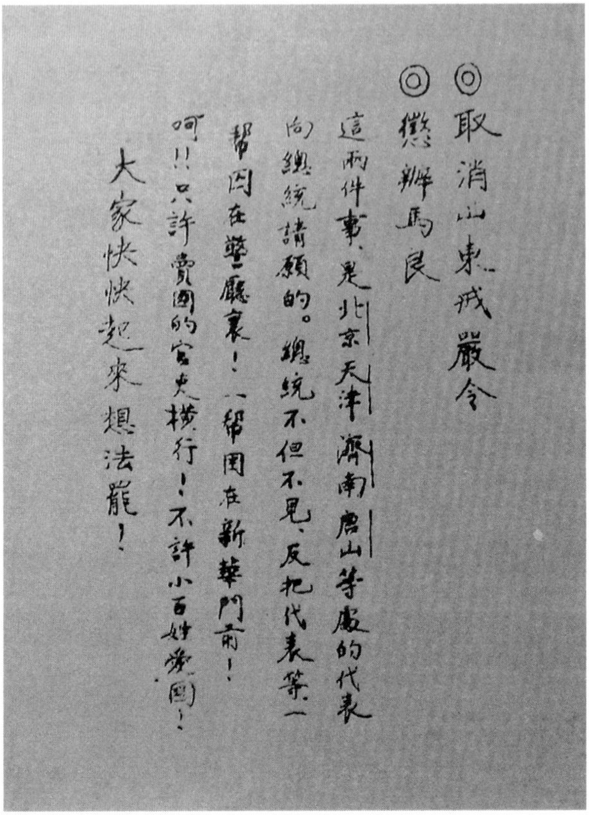

◎取消山東戒嚴令
◎懲辦馬良
這兩件事，是北京天津濟南唐山等處的代表
向總統請願的。總統不但不見，反把代表等一
幫囚在警廳裏！一幫囚在新華門前！
呵！！只許賣國的官吏橫行！不許小百姓愛國！
大家快快起來想法罷！

〉革命群众散发的传单

毯的小包，到北京找到集合地点后，再换上学生装。

各地学生共三四千人，于两天内相约陆续到达了北京，向总统府进发。以“北京、天津、济南、山海关、唐山、芦台、烟台等处各界联合会”名义散发的传单义正词严：“政府压迫人民，吾们各界的代表，用最后的手段，把牺牲的精神，要求政府的觉悟。吾们第一次的代表三十八人，已经拘在警厅。今日早晨，吾们第二起代表，又向新华门出发。可是政府压迫的方法更狡猾了，竟把新华门做拘留所。吾们各界的代表，只许出不许进，并且吾们第三起的代表，去赴第一、第二起代表的难。简单说几句话，报告大众知道，要求吾北京市民的同情。吾们全体负这责任，誓以最后的牺牲，唤起政府已死的良心。”[①]

马骏被京津等地学生代表公推为学生运动的总指挥，他深感责任重大，慷慨陈词：“马良为祸山东，残害爱国志士，凶狠残暴，无以复加，各界激于义愤，才有北京请愿之举。政府不俯民情，反将请愿代表拘禁，并传将处以极刑。似此专横无道，实乃太甚。如今我们又身负重担，重申正义，不达目的，誓死不归。”代表们也个个意志坚定，表示决心，哪怕前面的道路是火海刀山，也要勇往直前、共同进退。

8 月 27 日这天，男代表在大红门外院落活动，女代表在传达处活动。“总统府”的大门关闭得严严实实，水泄不通。代表们从早等到晚，没有任何动静。其间，政府顾问和国务院秘书均派人来传话，说代表们请愿手续不合规，总统不予接见，只能将请愿书由他们代为传递，以此打消学生请愿积极性。代表们听后，非常气愤，驳斥道：“每次请愿程序都是这样，为什么这次就不合手续呢？”政府代表无言以对，悄悄溜走了。

马骏一边要同各方联络，一边保护代表们的安全。见北洋政府如此凶顽无理，觉得对付这帮家伙“文明”解决已不可能，于是便与代表们商榷，决定向北洋政府施加压力。他先把请愿队伍聚集一起，然后向

---

① 北洋政府督办边防（参战）军训事宜处档案：《陈兴亚关于京津等处代表在新华门请愿情形的报告附爱国传单》（1919 年 8 月 26 日）。

他们交代战斗任务：第二天（8 月 28 日）全体代表兵分三路，一路继续留守新华门，一路前往西苑门，另一路直奔国务院门。北洋政府不答应要求，就把他们困死在瓮中。这样决定后，所有的代表当晚就地露宿，“枕戈待旦”。

8 月 28 日上午 10 点，各校代表聚齐之后，直奔国务院。

天津代表走在队伍的最前面。沿途有市民踊跃地来围观助阵。马骏趁机宣传爱国运动的事实和意义，鼓动群众积极参加爱国运动，并向市民介绍此次请愿的真正原因。马骏声音富有磁性，激昂慷慨，博得围观群众的阵阵掌声。群众同仇敌忾，义愤填膺。反动警察也早有准备，他们以维持秩序为名，荷枪实弹立于两侧。沿途市民越聚越多，同情互应。代表们昂扬地行进，高呼着口号：“惩办卖国贼！”“惩办马良！”“解除山东戒严！”“抵制日货！”“收回青岛！”声震京城……

由于沿途讲演，游行队伍行进缓慢，下午 1 点多代表们才到达国务院门口。马骏和代表们向国务院传达处说明了来意，并提出要面见总统（徐世昌）和总理（靳云鹏）。这时走出一个身戴值班红带、四十来岁的人，他狡猾地说：“你们等着，我替你们传达去。”可是两个小时过去了，却不见任何回音。传达处以“总统和总理正在开会，等开完会就接见你们”为借口，故意拖延。

8 月的北京，正是骄阳似火。马骏等人汗流浃背、口干唇焦，眼看夕阳西下，还没有喝一滴水、吃一口饭。有的四肢困软，有的头晕目眩，但大家都坚持抗议，无一退缩。北洋政府对于学生群众的这种爱国热情和正义要求，却视而不见、听而不闻，仍紧闭大门，不予理睬。

左等右等，一点消息也没有，倒是荷枪实弹的反动武装军警陆续开来不少。枪上插着亮晃晃的刺刀，一队队地把代表们包围，气势汹汹，如临大敌。

到 4 点了，代表们又去催问。那个狡猾的家伙回话：“因人多不能全体接见，你们选派些代表去见总统吧。”大家立即推选马骏和烟台、济南、唐山等处代表共 14 人，准备进去见总统。

在选代表时，几个女代表正站在国务院门口。那个狡猾家伙走到门口，细声细气地对她们说：“你们几位女士，早些回去吧，和他们站在一起天热挨饿，对你们更是没有什么好处！”意图瓦解女生队伍。女同学们异口同声地说：“我们都是为爱国而来，目的是一致的，既同来就同一行动，同生共死，决不预先逃避，怕死就不来了……”那狡猾家伙诡计未得逞一脸狞笑走回去了。

反动军警越聚越多，此时里面却传出“总统没空，不接见了”的命令。军警也开始行动，马骏等被选出的代表，被警察两人挟持一位，向外走着。请愿代表们怒气冲天跟在后面，和他们一起走，全无畏惧之色。走了不远，马骏对军警说：“我们代表是为救国而来，不怕牺牲性命，也没犯什么法，不必挟持着我们走，我们自己走！”军警们这才放了手，任代表们随队行走。

马骏为保护女代表安全，让队伍中的北京童子军多人手持童子军棍，横拦成一个长方块，让女代表们在中间走，以免反动军警有不轨行动。

没走出多远，见市民跟随不少，马骏即手舞旗帜，登上一土阜，高呼队伍暂停下来。市民立即围拢上来。马骏挥动旗子向群众高呼道：

“我们中国人都应该像爱家一样爱护自己的国家，不容别国侵略。日本曾和袁世凯签订了‘二十一条’，现在又侵占我山东青岛，狼子野心昭然若揭，他们就是想灭亡我中国。同胞们，要勇敢起来保卫中国，我们宁死不当亡国奴。我们要使中国永远存在世界上。我们要打倒侵略者，济南镇守使马良甘心卖国，枪杀我爱国同胞，并用戒严来压迫我山东同胞。我们这次请愿要求惩办马良，解除山东戒严。不幸我们前几天请愿的代表被捕了。”“我们是不怕牺牲性命的，为爱国而死是光荣的，只求后人能享受到祖国的自由独立和幸福。我们余愿足了……”听众非常感动，许多人落了泪，掌声响彻云霄。

马骏又转过身来对军警们说：“你们也是中国人，应该爱中国。你们现在来阻挠我们的爱国行动，是长官命令，不是出自你们本意。你们多可怜呀！成天辛苦，得不到几个钱，听说你们好几个月没发饷了。钱上哪儿去了？不是被长官入了自家腰包吗……”军警听后垂头丧气！女代表也向群众演说：“国家兴亡，匹夫有责，有国不爱，就是卖国。我们中国人，要起来保护中国，使任何外国都不敢来欺负我们中国，使中国永远独立于地球上……”群众听了倍加感动。

当大家再次回到天安门时，都很疲惫，就坐在庑廊下面休息。马骏却依旧神采奕奕、威风凛凛地又站在台阶上向军警和留在天安门里的人群讲演，鼓励大家不要被军阀政府的卖国行径所蒙蔽。大家聚精会神地倾听，愤激之情溢于言表。

天渐渐黑下来了。北京爱国团体派人给代表们挑来饭和菜，大家却决定绝食，由马骏代表大家向他们致意，请他们把饭菜挑回去。

为了斗争胜利，代表们在天安门前坚持斗争。他们知道被欺骗，早就做了长期斗争的准备，对内制定斗争策略和保障措施，对外宣称：“我们大家既等许久不见宣布，他们就算诓骗我们了，我们又受他们愚弄了。如此，我们当想一个长久的法子。我们现住天安门，即改为天安村，尤宜组织宣讲股在外演说、交际股接待外宾、编辑股录事登报、汤调股服侍病人、游行股传达信息，另有总务股，直辖各股，以维持秩序。”短短几句的声明，表现了马骏的超强组织能力和对时局的判断力。请愿队伍在马骏的指挥下，组成“天安村”，从生活、卫生、宣传等各方面都做出了周密的安排，铜墙铁壁般团结在一起，进退有序，行动一致。

天更黑了。反动军官出来指挥武装军警，把明亮亮的刺刀插在长枪上，横冲直撞地乱打代表。大家在大空场内跑着躲闪，一时混乱起来，受伤的受伤，躺倒的躺倒，很多代表受了伤。有一名叫郭友三的唐山代表，因受伤过重，回去后不久便牺牲了。

8 月 28 日晚上 10 点多，天安门架起了多盏大汽灯，这不是在为学生照明，而是反动军警在捕人，搜捕学生代表马骏。

反动军警得知是因马骏的指挥才使得请愿队伍团结得如此坚不可摧，便下令指名要逮捕马骏。代表们为了掩护马骏，给马骏化装。一个代表脱下自己的新毛料西装上衣，换上马骏身上的蓝布大褂，并互换了鞋子。晚上 9 点多，劳累又饥饿的代表们，在天安门内静静地坐着，反动军警们拿着灯挨个在人们的脸上晃来晃去，未能找出要找的人来。据反动派写的现场报告中说：“先由警察士兵等齐捕马骏，马骏即挤入人丛中不出，学生有持木棒者即行乱殴警察，警察亦还击，在天安门内循环三周，亦未拿获马骏。”[1] 一个钟头以后，反动军警搬来了大汽灯，把天安门内照得如同白昼。深夜 12 点后，大汽灯还在不断地增加着。军警多次搜捕，毫无所获，进而恼羞成怒，竟以皮鞭、枪托殴打学生，逼迫学生交出马骏。

---

① 北洋政府步军统领衙门档案：《杨华俊等关于在天安门逮捕学生代表马骏强行解散请愿队伍经过的报告》（1919 年 8 月）。

“我是国人的马骏”

北洋政府的野蛮逮捕并没能压服群众。8 月 30 日，学生们在北京街头纷纷发表演说和散布传单。在前门外一带演说的学生当众表示：“他（指反动派）押一个，我有十个，他杀十个，我有一百个，我们是不怕他的。”[①] 军警把马骏拉到天安门门洞，枪口对准了他的胸膛，要他宣布解散学生队伍。马骏泰然自若地对反动军警和同学们说：“我们此次来，就是抱定牺牲决心的。我虽然被捕，不必恐惧，坚持斗争一定会胜利。逮捕一个，便会激起十个、百个、千个爱国者。爱国者是逮捕不完

① 北洋政府步军统领衙门档案：《王光宇关于北京学生因军警拘捕马骏等开会研究对待办法并上街演说的报告》（1919 年 8 月 30 日）。

〉马骏在天安门前被捕，获释后在南开学校的留影

的。”军警又对学生们威胁说：“你们的队伍如果不解散，立刻就枪毙马骏。”学生们坚决地说：“我们是马骏带队来的，如果不是马骏带队回去，我们一个也不走！”

请愿队伍见马骏等被捕，拼力冲上前去，誓死营救。北洋政府这般骄横跋扈，更加激起学生的愤怨和斗志。

为了推动请愿斗争顺利发展，营救马骏和全体被捕代表，几千学生分别包围了北京、天津的警察厅。在广大学生风起云涌的爱国运动压力下，在各界人士（如南开学校校长张伯苓）的营救、保释下，北洋政府不得不在 8 月 30 日释放了被捕的全部代表。

从此，马骏身穿长衫、激情讲演，在五四运动中大闹天安门的光辉形象，便镌刻在人们的心中！

之后，《天津学生联合会报》发表了《马骏口中的马骏》一文，详细地记叙了马骏在北京请愿斗争的情况：“总统撒谎以前的情形，大家都知道不用我说。军警拿我的时候，我演说了三四次，所以他们非常恨我。到了天安门里，我的快乐实在是诸位享不着的，我们露天团聚，狼狈已极，还有天安村的组织。天是上帝，安是平安，上帝赐我们这块平安地，我们能不快乐吗？我们还想出来吗？后来军警来拿我，大家逼着我改装，一共改了三次，大家走得很多，我们也就跟着出来。走到门口忽然有一个把我抓住，大叫：‘马骏在此。’我就告诉各代表说：‘我已被拿，请诸位做诸位应该做的吧。’那军官来看我的很多，全是一点不错，我也挺着身子说道：‘我是马骏，随你们便。’当时我的两只膀子上头有好几十把手，把我拉到天安门旁边一个小门里头，把我的两手分开，拿枪对着我，如同上了法场一般。我就说：‘死我不怕，但我要写一封信回家，办理未了的事。’军警回答说：‘准有你写信的工夫，你放心吧。’他们就把我拉上汽车。我就说上了车还把守得一样严吗？他们回答因为你是过激派。到了警厅，说是要过堂，后来并没过堂，又把我运到一个地方（警察厅侦缉队驻扎所），我看见屋内有一个人就是

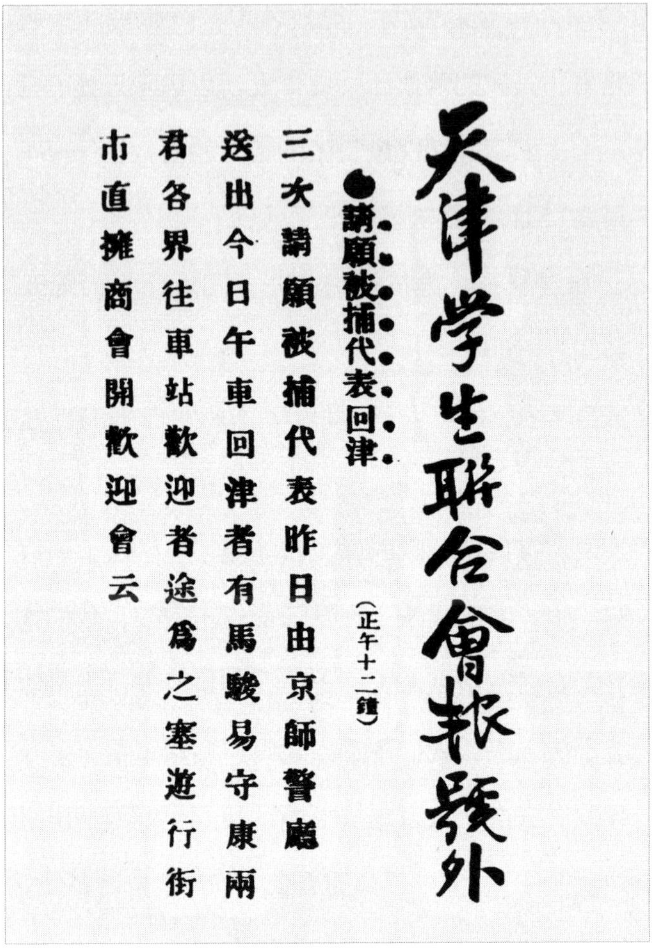
天津学生联合會报號外

●請願被捕代表回津

（正午十二鐘）

三次請願被捕代表昨日由京師警廳送出今日午車回津者有馬駿易守康兩君各界往車站歡迎者途為之塞遊行街市直擁商會開歡迎會云

〉《天津学生联合会报》为马骏等请愿代表归来特发的号外

戴练江君，我就露了一句英国话，刚说完就挨了一个嘴巴。以后，我就和戴君住了间屋子。上了炕不准下炕，也不许说话，第二天清早我就对戴君说：死是我们的责任，我们现在死，死在五色旗下，幸福真不为小，死在我们后的，恐怕没有这样幸福了。在狱中住了两天，有时候自言自语，军警都说我是疯子。我回答他们说：‘我是疯子，还能疯闹，我看你们简直是傻子。’后来天津绅商代表去看我们，一次我就对着戴君说：‘如果我们能够生还，我们的责任就更大了，因为未进狱以前的马骏是马骏同家人的马骏，出狱以后就是国人的马骏了。’”①

从此，“我是国人的马骏”成为他献身国家和革命的座右铭。

① 中共北京市朝阳区委宣传部编：《马骏纪念文集》，北京广播学院出版社1995年8月版，第190—191页。

觉悟社的重要成员

百炼成钢。经过五四反帝爱国运动的洗礼，马骏等一批先进知识分子迅速成长起来。改变国家积贫积弱的局面、改造中国社会的强烈愿望、如火如荼的反帝爱国斗争，促使他们更加紧密地团结在一起，更加奋发努力、积极求索。在与封建势力的激烈斗争中，马骏的革命觉悟和斗争能力得到了显著提高。他从北洋政府对爱国行动的野蛮镇压上，看清了封建势力的嘴脸；从人民群众英勇不屈的斗争精神上，得到了巨大的精神鼓舞和行动力量。心中推翻旧制度的愿望越来越强，为人民群众谋幸福的根越扎越深。他暗下决心，为使四万万五千万同胞不当亡国奴，一定要让革命的风暴更猛烈一些，斗争的果实更加丰硕。他被释放回到天津的当天，便不顾狱中之苦和旅途劳累，随即又投入了紧张的战斗中。

1919 年 8 月 30 日，天津各校被捕的学生被释放出来以后，分批返回天津。最后有 8 个处理后勤工作的人在 9 月 2 日下午乘坐一列客货混装慢车回天津。在车里，他们一起谈论天津学生运动向何处发展。

据资料记载：“9 月 2 日下午，天津的 8 个男女青年乘慢车由北京回天津。其中有参加 8 月 23 日请愿的郭隆真；有参加 26 日至 28 日的群众请愿的郑岩等。一路上，大家热烈地谈论总结着两次请愿的情况经验。谈到天津爱国运动今后的方向。郭隆真提出，今后，天津学生联合会同女界爱国同志会应该更紧密地合作，成为天津爱国运动的核心。张若名主张索性由女界爱国同志会的女校学生加入天津学生联合会，加强学联阵容。”①

这一路上的讨论，产生了天津男女学校学生合组新学生联合会和男女青年合组成立“觉悟社”的主张。

这个想法，正符合马骏这些天来的思考。“道不同，不相为谋。”见时机成熟了，马骏等人决定筹建一个这样的团体，把天津学生联合会和天津女界爱国同志会中的一些积极分子组织在一起，作为新思潮的研究和宣传基地。“学联”和“女界”的合并，孕育了觉悟社的雏形。

筹建工作秘密而缜密地进行着。在这一过程中，马骏表现出了极大的热情。虽然当天奔行劳苦，但到了晚上他依然凝神聚力和大家商讨团体的名称、宗旨和原则等重要事项。那段时间，经常是已经到了深更

---

① 天津历史博物馆、南开大学历史系《五四运动在天津》编辑组：《五四运动在天津》，天津人民出版社 1979 年版，第 755 页。

半夜，还能见到这些亲密的战友在兴致勃勃地交谈着。1919 年 9 月 16 日，马骏等 20 名进步男女青年，在草厂庵天津学生联合会办公室里，正式成立了代表着天津进步思潮的团体——觉悟社。在患难中、战斗中、合作中，马骏与这些战友的伟大的革命友谊进一步加深。

觉悟社规定组织机构采取委员制。章程中明确写着："社内组织采取委员制，本着分工合作的精神，将内部分作数类，由全体社员分担。"该社倡导民主，实行集体领导，这是无产阶级革命的产物。巴黎公社、共产国际和列宁领导的党都是遵循着这一组织原则的。觉悟社仿效的显然是世界无产阶级的这一原则。它采取委员制，要求分工合作，这就把集体领导和个人负责结合起来，既可防止个人专断，又防止无人负责现象发生。在五四运动时期提出这一思想，是很超前的。

干民主革命，就必须自己首先具备民主精神。这不单是一个理论问题，也是一个实践问题。觉悟社在他们的实际活动中也确实贯彻了这一民主原则，树立了民主作风的榜样。为达到各方面的完全平等，社内规定在 20 名社员中男女各占一半，即男女各 10 名。在 10 名男社员中，有 7 名是天津南开学校和南开大学[①]的学生，其他 3 名学生分别来自高等工业学校、第一师范、北洋大学。他们或是学联会的正副会长，或是《天津学生联合会报》的主编，或是学生运动中的骨干。10 名女社员，都是女子师范的毕业生和在校生，也都是女界同志会的负责人或骨干。

① 1919 年 9 月，南开学校设立大学班，自此才分称南开大学和天津南开学校。据南开大学《历届学生毕业册》，当时每期学员共 96 人，凡天津南开学校毕业后升入大学者，不用考试。马骏注册学号为 2 号。

〉1919 年 9 月 16 日，马骏等 20 名进步男女青年成立了觉悟社。图为觉悟社的旧址——天津草厂庵

邓颖超（时名邓文淑）是年龄最小的社员，当时只有 16 岁，是学联的讲演部长。

根据规定，凡是重大问题，都要经过觉悟社全体社员认真讨论，形成集体的意见和主张，他们称之为“结晶”。例如 1920 年 1 月，觉悟社出版的《觉悟》第一期上发表的一篇纲领性文章《学生根本的觉悟》，就是觉悟社社员集体创作的。具体创作方法是：每个社员先用文字把自己想要表达的思想写出来，再由编辑汇总，将所有人的思想精华聚成一个“结晶”，这样出来的文章，既有民主，同时又有集中，也是觉悟社思想的统一。

觉悟社的民主性还表现在它的领导岗位设置上。觉悟社没有设主席之类的领导职位，那么由谁来组织呢？他们采取的是一种推举的办法，推举才华出众、对革命事业无比赤诚和具有杰出领导才能、有无可争辩权威地位的同志主持。

觉悟社对新社员的发展很慎重，预防名不副实的人混入组织，规定必须有三名以上社员的介绍，经全体社员同意，方可加入。而且在发展社员时必须男女各一，以保持社内男女人数平等。“十月二十一日和十二月二十一日两次通过的新社员，都是一男一女，就是根据这一决议实行的。”[①] 后来因为申请入社的新社员多起来了，又改用了一种“社友”的办法。1920 年 1 月，第一批通过的“社友”10 人，也是男女各半，

---

① 彭明：《五四运动在北京》，北京出版社 1979 年 4 月版，第 241 页。

觉悟社社员姓名、别名、代号一览表

The name-list of Juewu Club

姓名	别名	代号		姓名	别名	代号	
		号码	谐音			号码	谐音
邓颖超(女)	文淑	1	壹、逸豪	李震瀛	宝森、泊之	28	二八
周之廉(女)	廉溪	3	珊	马骏	通泉	29	念久
周恩来	翔羽、飞飞	5	伍豪	李锡锦(女)	絅如	31	杉逸
赵光宸	丹文	9	奈因	郑季清(女)	漱六岩	34	杉峙
薛撼岳	卓东	11	石逸	张若名(女)	砚庄	36	杉陆
郭隆真(女)		13	石珊	张嗣婧(女)		37	杉弃
关锡斌	(后更名)管易文	18	石霸	谌小岑	伊勋	41	施以
潘世纶	述庵	19	石久	李毅韬(女)		43	施珊
胡维宪	(后更名)胡无	20	念豪	谌志笃	释孙	50	武陵
刘清扬(女)		25	念吾	张淑文(女)			
吴瑞燕(女)		26	念陆				

社　友： 黄　爱(女　正品)　梁乃贤　陶尚钊(念强)　胡嘉谟　李锡智(女　愚如)　王贞儒(女　卓吾)　郭蔚庭(女)　韩恂华(女)

〉觉悟社社员一览表

黄正品[①]就是当时通过的“社友”之一。

为了做好保密工作，规定“社员用抽签办法抽取代表个人的号数，代替各人对外的姓名”。抽签的方法是用 50 个号码，各人抽一个，再用这个号码的谐音取一个别名，用以通信或做笔名。

邓颖超（邓文淑）也有一个别名叫“逸豪”，在抗战时期她还在用，因为邓颖超当时抽的是 1 号。马骏抽的是 29 号，从此马骏在对内联系

---

① 黄正品（1897—1922），又名黄爱，湖南常德人，湖南工人运动领袖。1919 年 2 月考入天津直隶高等工业学校。五四运动爆发后，积极参加反帝爱国斗争。1920 年 6 月成立了湖南第一个纯正的工人团体——湖南劳工会并任书记。1922 年 1 月 17 日，在长沙纱厂工人罢工运动中，被军阀赵恒惕杀害，时年 25 岁。

和对外发表文章时，均以“念久”（29 之谐音“廿九”）为名。

马骏模范遵守社内规定并积极参与社内各项活动，提出建设性主张：“凡是不合于现代进化的军国主义、资产阶级、军阀、官僚、男女不平等界限、顽固思想、旧道德、旧伦常……他认为全应该铲除应该改革的。”对一些新思潮进行讨论，马骏每次都认真参加，因为这是促进社员觉悟的最好机会。有一次，他根据自己阅读《新青年》的体会，在社里提出中国也应走光明之途——社会主义的道路。这一提法令所有成员耳目一新。

觉悟社是我国工人阶级刚刚登上历史舞台时成立的一支活跃的革命力量。五四运动时期，社团林立，其数目之多，在我国历史上是空前的。当时最激动人心的口号是“科学”和“民主”。在五四运动以前宣传这一思想的，只有《新青年》《新潮》《每周评论》和两三份日报。五四运动以后，新出版的刊物剧增到 400 多种，每个社团都有自己的宣传阵地。社团以惊人的速度产生，预示着革命风暴的来临。五四运动和新文化运动唤醒了人们的觉悟，全国到处都是新思潮的声浪。在爱国和卖国之间、进步和倒退之间，每个人都必须做出自己的抉择。在许多最强烈的革命呼号里，人们听到了《觉悟》的声音，它就发自渤海之滨。

觉悟社也是我国最早的马克思主义小组之一，它的成立对于研究和传播马克思主义，对于天津人民爱国斗争深入开展和培养革命骨干起到了积极的推动作用。觉悟社成立第五天，李大钊便亲临指导，赞许的同时让他们好好阅读《新青年》等发表的关于马克思主义学说的文章，接受无产阶级思想。在李大钊的影响下，觉悟社高举反帝反封建的旗帜，号召人们用群众运动的力量去推翻旧世界，猛烈地抨击封建伦理和旧时风俗习惯，痛斥“三纲五常”和“三从四德”，引导人们破除迷信，以真理作为判断是非的标准，力争人民的集会、结社、言论和出版自由，积极宣传世界新思潮。它在爱国运动中绽放出了灿烂的光辉，觉悟社有半数成员加入中国共产党。

觉悟社的另一大突出特征是明确提出了批评和自我批评的原则。在五四运动以前我国的历史上，可以说批评与自我批评的民主作风是没有过的。这是觉悟社的首创。只有无产阶级大公无私，不怕揭露自己的缺点和错误，能自觉地运用批评与自我批评的武器，在改造客观世界的同时改造自己的主观世界。而觉悟社把批评与自我批评统一起来，强调自我批评，并且作为组织原则列入社章，自觉地运用。

当时，马克思主义已经传入中国，成为新文化运动中有力的思想武器。马克思主义传入以前，无政府主义曾一度占有优势。因此，马克思主义的拥护者就必须同无政府主义的拥护者展开辩论和斗争。在觉悟社内，马骏经常和其他社员聚会，研究一些新思潮，他们谈论着社会主义、无政府主义和基尔特社会主义。大家虽然还没有一个固定的信仰，但已听说最理想的社会是“各尽所能，按需分配”，知道列宁领导的十月革命成功了，把多数被压迫者解放出来。经过研究和比较，列宁的革命事业引起他们的觉醒和憧憬。

虽然觉悟社还不是无产阶级的组织，但它具有马列主义观点。觉悟社确切地反映了“五四”时期站在革命最前列初步具有共产主义思想的革命知识分子的精神面貌，它的思想这样新鲜，它不能不对即将成立的无产阶级革命组织有所影响。”[①]它所提出的思想同后来中国共产党的“三大优良作风”是有联系的。中国共产党成立后，即以共产主义思想体系教育中国人民，引导中华民族到解放之路上来；在党的组织原则上实行民主集中制，把批评和自我批评作为党的“三大作风”之一。有无认真的自我批评，是否能真正促成团结、共同奋斗的基础，也是与其他政党互相区别的显著标志之一。

觉悟社的成立和它出版的《觉悟》，在北京及全国各地引起了很大反响。当时的北京《晨报》，对觉悟社加以评论说：天津的许多青年学生团体，由“纯粹的分子来结合而具有特别色彩的，确是微乎其微了，记者敢对诸君说，天津只有一个这种的团体，可以说是天津的小明星”，“这团体就是觉悟社，该社产生了三个月，会员是天津学界中最优秀、纯洁、奋斗、觉悟的青年结合的小团体”，“他们抱了时时觉悟、刻刻觉悟的决心，所以叫觉悟社”。[②]

觉悟社社员向总统府、国务院进行了几次大规模请愿，“双十节”举行的大规模游行示威和一·二九运动，都有声有色地表现出他们英勇战斗和不怕牺牲的精神，从思想行动上动摇了北洋军阀的统治基础，镇压、逮捕和监禁都阻挡不住他们前进的步伐。

---

① 薛进文：南开故事丛书《周恩来与南开》第一辑，南开大学出版社 2011 年版，第 148 页。

② 《现在的天津》，北京《晨报》1919 年 11 月 25 日。

〉《觉悟》杂志

当然，事物都要一分为二来看。觉悟社的社员有一半以上成为共产主义战士，也有的经不起革命风浪冲击，成为泥沙沉底。

《觉悟》本着“革心”和“革新”的精神，以“自觉”与“自决”为主旨，规定其主要内容是：“取共同研究态度，发表一切主张，对社会一切应用生活，取评论的态度，同时登载社外的名人言论，以不断了解世界新思潮。”这份刊物在觉悟社的领导下，成为一柄利剑，刺破了那个黑暗的时代。

走近李大钊

觉悟社要做“引导社会的先锋”，要成为对敌作战的“大本营”。这一思想表明觉悟社就是一个战斗性很强的政治组织。它的进步思想倾向也越来越鲜明。觉悟社的主要成员马骏等人都很崇敬中国最早的马克思主义者李大钊。他们从《新青年》《每周评论》等刊物上读了李大钊同志的许多文章，迫切地期望从李大钊那里得到更多的教益。因此，在觉悟社的成立大会上，提出了邀请北京大学李大钊先生到天津来和大家见面的想法。由于当时李大钊在大家的心目中已是新思潮的号角和走出黑暗的向导，提议得到了全体社员一致赞同。这样，他们派人到北京，请李大钊同志来天津做公开的演讲和指导。李大钊当即热情地答应了他们的请求。

1919 年 9 月 21 日上午，也就是觉悟社成立第五天，李大钊先生应邀到达天津。学生、青年们奔走相告：“李大钊先生来了！”演讲会当天，讲演厅的大门外几乎都挤满了人。在热烈而经久不息的掌声中，李大钊风度翩翩，脚步坚实、充满豪情登上讲台。他讲了当时的国际形势，分析了英、美帝国主义国家侵略亚洲落后国家的实质，斥责推行强权的日本军国主义，阐述被压迫民族和人民求得解放的根本途径。他的讲演深深地启发和鼓舞了天津觉悟社成员和革命群众，受到了广泛而热烈的欢迎。这天下午，李大钊又不辞辛苦地来到会议室，同觉悟社的青年们亲切座谈，回答学生的问题。

李大钊的学养、风度，质朴、慈祥、谦虚而亲切的态度和对时局、前途的独到判断给社员们留下深刻的印象。觉悟社社员谌小岑后来回忆当时的情形：“我们请李大钊先生坐在门口的一张靠背椅上，十几个人都站着听他讲话，使我们感到特别亲切的是，李大钊那种和蔼可亲、虚怀若谷的长者风度，在他身上没有半点骄矜之气，讲话时也总是用勉励的词句。他衣着朴素，穿一件蓝长衫，外罩一件黑色马褂，和我们十几个人拥在一间小房子里，像一家人一样和睦友好地亲切叙谈着。”[①]

李大钊先生一面听着成立觉悟社的经过，一面赞许地点头。可以看出，他对这些探寻人生真义、决心改造社会的青年人，从心底里喜爱。李大钊对他们的英勇斗争和革命工作赞不绝口。他同有为青年共处一室，共商国是。对他们打破几千年的封建隔阂，男女同学合作组成民主团体，

① 河北区政协学习和文史资料委员会、天津觉悟社纪念馆：《百年觉悟：天津觉悟社》，2019 年 8 月内部版，第 4 页。

李大钊非常赞许，称赞这是中国历史上的创举。因为当时还都是男女分校，如果“北京大学的学生到女高师去发动，还要和女校代表各坐会客室两头，由学监坐在中间加以监视”[①]。那时“男女有别，授受不亲”的封建思想残留很深。现在觉悟社的青年们以实际行动把封建教条粉碎了，令世人振奋。李大钊先生特别强调了男女平等的问题。有几个女社员，长期反对把女性第三人称写成“她”，而主张用“伊”来代替。李大钊认为觉悟社是男女平等、社交公开的先行，他还鼓励大家要注意研究世界革命新思潮，特别是要研究马克思主义，多了解苏俄；勉励大家取得了真理，就要贯彻到行动中去。他还希望大家好好阅读《新青年》等刊物上发表的进步文章，探索革命真理，为创造青春之中华而奋斗。他们听李大钊先生谈了很久，才依依惜别。马骏等人深情地围在李大钊身边，表示要去北京看先生。李大钊高兴地答应他们下次接着谈。

这次见面之后，在李大钊的启发下，马骏认真阅读了李大钊在《新青年》上发表的关于介绍马克思主义、介绍布尔什维克领导下的十月革命和对第一次世界大战后国际时事的述评，以及关于青年使命的文章，如《庶民的胜利》《布尔什维主义的胜利》《我的马克思主义观》《创造青春之中华》等文章，从中深受启发。他反复诵读，如获至宝。这些文章洗礼了马骏当时感到困惑的头脑，开启了他对马克思主义的研究。

李大钊在马骏的心目中是新思潮的号角，是他在暗夜里摸索前进的灯塔。李大钊的亲切鼓励和谆谆教诲，给马骏留下了深刻的印象。马

---

① 彭明：《五四运动在北京》，北京出版社 1979 年版，第 242 页。

骏胸中热血沸腾，以更新的姿态和明确的目标投入新的斗争，也是在这个时候成为一位马克思主义的宣传者，并且与觉悟社的社员们一起开辟新途径，探索革命新道路。这为马骏后来加入中国共产党打下坚实的思想基础。

《觉悟》唤醒国人

觉悟社于1919年9月成立。1920年11月，随着郭隆真等人去法国，马骏回东北老家，一众骨干成员相继离开，觉悟社自动解散。虽然它只存在一年多的时间，但在天津学生运动和中国革命史上写下重要的一页，成为当时天津学生爱国运动的核心力量。它在“五四”时期反帝反封建革命运动中所建立的伟大功绩是永远磨灭不了的，尤其是它出版的社刊《觉悟》，是“五四”时期影响较大的宣传革命思想的著名刊物之一。

《觉悟》创刊号，在“封面题字上刊印了醒目的‘五角星’，说明了马克思主义的光辉照亮了他们前进的道路，促进了他们的觉悟”[①]。

① 彭明：《五四运动在北京》，北京出版社1979年版，第243页。

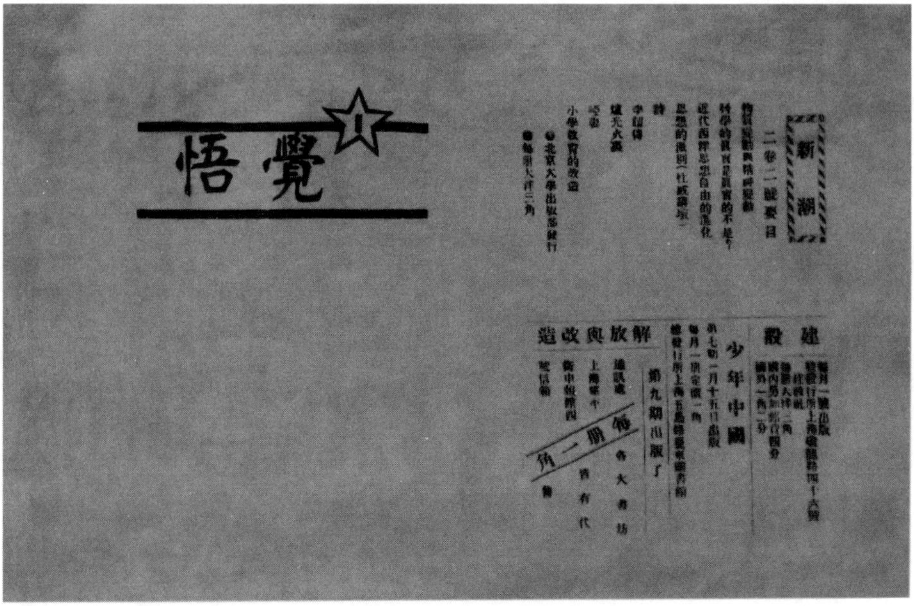

〉觉悟社编辑出版刊物《觉悟》，向社会积极宣传新思想、新概念

这也是中国革命史上首次使用代表红色革命的“五角星”。

《觉悟》于1920年1月20日创刊，创刊号登载的《觉悟》和《觉悟的宣言》两篇纲领性文章，是经全体社员集体讨论后完成的。《觉悟》这篇短文实际上是该刊的发刊词，虽仅600余字，但论述精辟、言简意赅。它把人的自觉看作社会发展的起点，指出“人在世界上同一切生物最大的区别，就是人能够觉悟”，并且必须自己去觉悟，然后由己及人，渐渐可以达到人人觉悟的境界。《觉悟的宣言》则明确阐明了觉悟社的宗旨。

这一期的其他文章，还提出要改造旧社会，必须推翻军国主义等主张，反映了觉悟社成员正处在由新思潮的探索者向马克思主义者转化和内部的改组、分化过程中。

马骏等人都在《觉悟》创刊号上发表了文章。从他们的文章中可以看出，这些青年除了提倡学生要研究学术外，还号召大家肩负起促进社会进步、为人类谋幸福的责任。同时倡导端正学生意志薄弱、眼光不远、不反省觉悟、没有真正地研究和批评的态度。提出应该从“革新”到“革心”，创造学生的新生命；提倡妇女解放，男女平等，男女同校，婚姻自由，女子有就业权、继承权，召唤妇女起来与黑暗势力做斗争。这些在今天看起来是非常平常的事，但在那个时候，是革命的创举。

在《觉悟》第一期上，刊登了马骏写的署名“念九”的两首寓言诗《他们为什么不去》和《一个小蜘蛛》。

马骏在寓言诗《他们为什么不去》里写道：

这是什么时候？

暮春天气。

这是什么所在？

是运动场亦是游戏地。

遍地的桃花——梨花——芍药花——一望无际！

灿烂的日光映得鲜明有趣。

唉！这般的美丽……

一阵阵香气扑鼻。两岸的松树——梧桐树——杨柳依依；几个春燕黄鹂，天空盘旋，忽高忽低；

还有一湾溪水，鲜鱼游戏。

听！风声——水声——鸟鸣声——

一声一声地送入耳里。

好一幅幽雅鲜明、天然的丹青，美丽无匹；

但只是没有人去运动，亦没有人去游戏。

唉！人们往哪里去？

他们为什么不去？

这首诗描写了百花竞放、万木欣荣、燕飞鱼翔、阳光灿烂的暮春美景，然而却没人去运动场、游戏地。诗中对此提出了一个问题：他们为什么不去？他让读者去思考，一代觉悟的青年，不正是纷纷走上反帝反封建的斗争前线，探索真理，迎接春天，全身心投入爱国运动的最好时机吗？

马骏的《一个小蜘蛛》咏物抒情，赞美了同风雨做斗争的蜘蛛。借小蜘蛛这样一个小动物织网时的勤奋和不怕失败的精神，来抒发自己对革命必胜的信念，激发人民对斗争的信心和坚韧的意志。这也正是马骏献身五四运动，矢志不移、顽强斗争精神的一个写照。

两首诗作展示出了马骏细腻婉约的感情世界。细细品味这两篇诗作，又可以感到马骏寄革命豪情于青春美景之中，反映了他不安于现实，要在狂风暴雨中顽强奋斗的思想境界。这些明快、清新而又寓意深刻的字句，至今读来，仍感人至深。

在筹备出版《觉悟》第二期时，已收集了40余篇稿件，本拟于1920年2月20日出版，但由于1月29日马骏等觉悟社骨干在领导天津学生运动时被捕，其他社员都投入营救斗争，并转为地下活动，因此

《觉悟》第二期未能付印便停刊了。但从仅见的这一期《觉悟》我们可以看出，作为觉悟社的社刊，《觉悟》一开始就旗帜鲜明地宣传新思想，鼓舞社会革新和思想改造，成为党成立之前重要的思想舆论阵地。

横穿租界地

在当时的中国有一个奇怪的现象，城市里出现了外国人的“地盘”——租界。假如要走遍全市，需要穿过几道“国界”。政府、法律、军队、警察都是人家的。在中国的土地上，法国人竟禁止中国人居住；人力车通过意大利租界要向该国领署申请执照；日本皇太后死后，日租界里竟禁止居住在那里的中国人娱乐；在英租界公园的门口，更公然写有如下禁令：“华人与狗未经董事会理事或巡捕长许可，皆不准入公园游赏。”外国势力歧视中国人的行径，让中国人受尽屈辱。

更为可恨的是，在帝国主义者为自己大修宫殿的同时，还为中国人设下许多监狱。只要他们认为哪个不顺从，就将其投进阴暗的狱室里。但中国人是永不会屈服的。监狱再大，也容不下这么多爱国的“犯人”。

列强们把租界当作自己的“吸盘”：英国的自来水，法国的电灯房，美国的面粉厂，日本的料器行……花旗、华比、东方汇理等银行更是五花八门，高楼林立。他们一方面拼命地吮吸着中国人的血液，一方面又从灵魂上麻醉中国人：教堂、学校、育婴堂、慈幼院……成为他们传播西方思想、麻痹中国人的机器。

然而，中国人永远不会甘心按照嗜血鬼的意旨去做亡国的奴隶，反帝反封建的声音从未间断。

五四运动之后，全国各地的学生会、联合会风起云涌。北京学生会提出建立全国学联，壮大爱国力量。此后，天津派马骏等三人赴上海参加全国各界联合会组织。

以马骏在全国的声誉，再加上他天才的演讲，很快就受到上海各界的欢迎，他被多场次约请演讲。尤其在数万人的群众大会上，马骏直指时弊、深入人心的演说唤醒大众，每次都是群情激昂，赢得掌声雷动。

经过多日的筹备工作，1919 年 10 月 10 日，上海举行了史无前例的“全国各界联合会成立大会”，全国各界代表 200 多人齐集上海，上海当地参加大会者近千人，大会选举京、津、沪、宁、汉等地代表为驻会常任理事，负责日常工作。马骏被选为“全国各界联合会”理事。在准备大会议程时，事先并未打算游行，大会完成议程后，有人提议应该组织大游行。由于事先没有准备，一时间大家无所适从，在群众的热情要求下，大会主席刘清扬提议由马骏担任游行总指挥。马骏开始时表示推辞，建议由上海代表指挥，因为熟悉路线。上海代表则表示北京那么大规模的游行马骏都组织得很好，此行非他莫属，路线不熟他们可以带路。“马骏同志当即跳上主席台，承担了此任务，他提出了游行线路，安排了队伍排列顺序，并约法三章。第一，队伍严肃、威武；第二，口号要热烈，但只喊打倒或反抗日本帝国主义；第三，在通过英法租界时，必须人人严守团体规律，不得个人自由行动，以免发生事故。全场一致鼓掌同意遵守。马骏跳下主席台，率领队伍浩浩荡荡开始了大游行。”[①]当游行队伍走过外国租界地时，马骏问为什么这条路不让走，上海代表回答：“那里是外国租界地，中国人不能随意通过。”马骏说：“我们成立全国各界联合会是为什么？就是为了反对北洋政府，争回中国人的主权。我们在中国的土地上游行示威，还要绕着他们走吗？今天我们就要从这里过去。”于是，马骏带着游行队伍，高呼口号，冲过租界警戒线。租界警察从来没想到过中国人敢大队人马声势浩大地从这里通过，一时不知道如何是好。直到游行队伍全部通过租界地，警察才缓过神来。游行队伍高呼着“打倒帝国主义”的口号，浩浩荡荡地通过外国租界区。上海民众目睹此景，扬眉吐气。这一次在租界地的游行示威，显示了全国各界反帝爱国力量的强大，在全国乃至世界都产生了影响。这也是中国人第一次不经外国人允许，大规模通过租界地的示威游行，打破了帝国主义在我国的租界禁律，大长中国人民的志气，打击了帝国主义的嚣张气焰。这次伟大创举也格外显示了马骏超人的组织天才和勇敢机智的领导魄力。

① 中共北京市朝阳区委宣传部：《马骏纪念文集》，北京广播学院出版社 1995 年版，第 54 页。

马骏对帝国主义的斗争是坚决的。一次，他在上海参加集会时，一个英国人挑衅，说希望中国人“要规规矩矩”。马骏听后，十分愤慨，立即上台与这个英国人对论。他说：“我要问问方才讲话的英国先生，英国人在克伦威尔领导下，于1649年把查理一世送上断头台，算不算规规矩矩？1775年华盛顿率领美国人发动独立战争，建立美利坚合众国，算不算规规矩矩？1789年巴黎人民打开了巴士底狱，建立了法兰西共和国，算不算规规矩矩？1917年2月，俄国人推翻了沙皇，十月又推翻了克伦斯基政府，建立苏维埃政权，又算不算规规矩矩？中国人民要学的是这样的规规矩矩。”马骏的话博得群众雷鸣般的掌声，一些进步报刊纷纷发表评论，给予高度的评价。“全国各界联合会在马骏、刘清扬等人的领导下，开展广泛的宣传和组织活动，大大推动了全国人民反帝反封建的革命活动。”[①]

---

① 中共党史人物研究会编：《中共党史人物传》第一卷，陕西人民出版社1981年版，第86—87页。

天津一廿九惨案

北洋政府对天津的爱国运动处处打压，残暴镇压。1919 年底，反动统治者见学生们常常罢课，又经常聚集在学校中活动“闹事”，密谋不如让学生提前放假并回家，以此来破坏学生有组织的爱国运动。为了反抗这一阴谋，到上海参加全国各界联合会活动的马骏等人被急调回天津，继续坚持斗争。经过周密研究策划和布置，马骏等决定彻底揭露教育厅提前放假的阴谋，同时不放弃排查日货的工作。

据资料记载：“1919 年的 11 月中旬，在福州居住的日本人开枪打死我爱国学生和警察，造成了‘福州惨案’。为抗议这一暴行，纷纷致电北洋政府，要求向日本抗议，抵制日货斗争，更加汹涌澎湃地掀起了高潮。12 月 28 日，在南开学校前的广场上，举行了有数万人参加的第一次群众大会。”[①]

1920 年 1 月 23 日，学生联合会调查委员会得知奸商魁发成私藏日货不报，即派学生前去调查。魁发成竟勾结日本浪人，殴打调查日货的学生，遂引起公愤。学生和各界代表相继提出抗议，并向省长公署请愿，遭到武力镇压。虽遭到殴打，但代表们斗志不减、斗争不止，运动一浪接一浪演变成学生与军警冲突的大潮。

1 月 24 日中午，学生们将卖国商人裴潭溪游街示众，回来时发现几百名军警和几十个马队已把商会围得紧紧的，要求放了裴潭溪。同学中有人认为裴潭溪已经被游街示众，同意把他交给警察。有十几个学生认为不妥，就跟着到警察厅去质问。哪知刚到门口，警察就对他们拳打脚踢，把学生的衣服扯破，并抓走了 4 个学生。

马骏等 7 名代表去直隶省长那里要求放人，长官不在，便同副长官讲。副长官打着官腔说此事已经打电话报到保定，将来解决。谁想，他们刚出门就被几十个警察围住，两个夹一个将 7 位代表押到警察厅。

这么一来，天津各界都非常愤怒，市面恐慌不稳，商会会长马上去见省长。省长说：“学生对我不留面子，抓人是我叫杨景林做的，要是他们还不服气，我的兵已经派好，再抓一通，得枪毙他们几个，我倒要跟学生碰一碰。”商会会长说：“学生的举动是爱国，又年轻气盛，还得请省长三思。”省长说：“也好，只要他们从此以后不闹事可以放人。”商会会长说：“待我疏通好再来报告。”同学们答复说，抓人算

① 杨再道：《张若名研究资料》，中国妇女出版社 1995 年版，第 69 页。

是大事，拿这个当条件来要挟我们，我们不是贪生怕死之辈。让我们不抵制日货、停止爱国运动，办不到。最终“调停”无效。

接着，天津各界救国联合会和天津学生联合会被查封，暗探遍布市内各街道，一片白色恐怖气氛，反动统治者使用了高压手段。

反动统治者的疯狂迫害，更加激起天津爱国学生和人民的强烈反抗。1 月 29 日下午 3 点，在学生联合会负责人的领导下，爱国学生的游行队伍手持各种标语和小旗列队到省署门前请愿，周恩来、张若名、郭隆真、于兰渚等被推选为请愿代表去见省长。省长公署害怕人民的正义斗争，将大门紧闭，门口有多人把守，不敢开门。代表们冒着生命危险从公署大门下面爬进公署营救马骏。此时政府内已调来军警，代表们一进入公署当即被逮捕。

在“天津警察厅呈内务部电陈此次学生事情应如何办理请迅电复”中详细记录了此次事件的经过：从东辕门进来几百个武装军警，把赤手空拳的学生队伍团团围住，企图把学生赶出西辕门，学生们同军警进行了搏斗，用手中的旗杆痛打军警，掀掉军警的帽子。据载：“里边的副官让 ××× 登在梯子上，从门框上伸头出去告诉众人在外边候着，省长一会儿可以见着。”[①] 可是等了很久，还是不见人影，于是周恩来又登上梯子，这时他看到学生被火速赶来的军警大队包围着，遂厉声质问警察，凭什么无故派兵包围学生，欺骗代表。反动当局见阴谋破产，原

---

① 中国社会科学院近代研究所、近代史资料编辑组：近代史资料类编《五四爱国运动》（上），中国社会科学出版社 1979 年 3 月版，第 11 页。

形毕露，开始向手无寸铁的学生下了毒手，命令军警使出卑劣的手段进行武力镇压，铸成震惊全国的天津一廿九惨案。

对于天津一廿九惨案，天津《益世报》曾有详细记载：

> 当学生聚立辕门内要求见省长时，突由西辕门（东辕门）冲入卫队一队，全体武装，枪上刺刀，腰实子弹，前有军官，挥刀冲锋而入。正在驱逐学生出门时，而西辕门又闯入卫队一队，复将学生驱入。斯时正中头门又冲出一队，三面夹攻，以枪托刺刀横击直刺，三军官手持指挥刀在前率领，不分男女稚幼，刀刺枪打拳殴足踢。卧地不能起立者数十人，头破血流腰折腿断者十数人，眼部刺伤，头顶穿透，膀臂手腕被击脱节者又十余人。一时风云惨黯哭声震天。卫兵如临大敌，学生赤手空拳，一片凄惨之状，笔难尽述。而男帽女鞋遗落满地，受伤学生多不能行走，架赴医院。呜呼惨矣！

当日 5 点以后，4 位代表“被保安警察押出省公署经西河沿，入磨盘街出东马路，押送到‘营务处’。一路上交通堵塞，围观者甚众。4 位代表高呼口号：‘民国万岁！’‘学生万岁！’‘同胞万岁！’围观群众不时和以掌声和欢呼声对代表顽强不屈的爱国精神表示敬意。他们四人一到‘营务处’，马上联合签署了一条子，声明当天的请愿活动，由他们四人‘完全负责’”[①]。4位代表于2月6日被从“营务处”运送到警察厅关押。

随后，反动当局找到马骏，让他劝告“闹事”者，找个“台阶”下就完了。马骏“当就要求三个条件：一须先恢复各团体原状；二准他邀请外面的人来谈话；三准他随时同被拘的人谈话”[②]，否则免谈！

血的教训使马骏等人认清了反动政府的丑恶嘴脸，深刻认识到爱国运动和民主权利，不经过艰苦斗争和流血牺牲是不能获得的。鲁迅曾在《自题小像》中写道：“灵台无计逃神矢，风雨如磐暗故园。寄意寒星荃不察，我以我血荐轩辕。”这正是那个年代青春热血中华儿女的共同写照。

---

① 杨再道：《张若名研究资料》，中国妇女出版社1995年6月版，第70页。

② 中国社会科学院近代研究所、近代史资料编辑组：近代史资料类编《五四爱国运动》（上），中国社会科学出版社1979年3月版，第17页。

狱中斗争

一进监狱，马骏就与其他被捕的同伴说：“这还不错，今后和敌人斗争就更近便了。”他这一幽默乐观的话语，立刻让紧张的空气变得活跃起来，无形中给大家增添了几分坚定昂扬的斗志和革命乐观主义精神。

1920 年 1 月，马千里与马骏等人同时被捕。南开学校教职员因军警对爱国各界人民和爱国学生的暴行，于 2 月 4 日发布敬告各界书和全体辞职宣言，以示抗议。不久教育厅厅长召开各校校长会议，主张 3 月 15 日各校复课，但天津学生联合会坚持代表未获释不能开课。张伯苓认为学生主要任务是学习，储备力量将来报效国家，于是登报通知学生开学。届日学生到校寥寥无几，学生贾金镕在礼堂门口贴了“代表未

〉马骏等获释时全体被捕代表在天津总商会内的合影，前第二排左二为马骏

释，暂不上课”八字标语。张伯苓大怒，将贾金镕开除，令其立即离校。马千里在狱中闻讯，怒不可遏，认为张伯苓不该这样粗暴地对待爱国学生，遂毅然辞职，以示抗议。接着，张伯苓又根据教育厅的指示，被迫将爱国学生代表马骏等开除学籍。马千里为此更为气愤。

入狱后的第三天，马骏便质问探长为什么拘留好几天不闻不问。探长心中有鬼，也不作答。敌人为了动摇马骏的斗志，离间他和狱友们的关系，在住宿条件上对他给予优待，甚至以官禄加以诱惑。对此，马骏根本不为所动。针对敌人制造的“学生是受冯国璋利用，想推翻政府”的谎言，马骏更是严加驳斥。后来，敌人又提出 21 条问题，让每个人都来回答，马骏的答卷因为“不合题意”，又让他重写。然而，到最后，敌人想让马骏“悔过”的阴谋也没有得逞。

一切花招都不奏效之后，杨以德便以更恶毒的方法，加重对“犯人”精神和肉体的摧残。他不许“犯人”们彼此见面，想利用“囚徒困境”瓦解他们的组织，并且一味地拖延开庭“审讯”，想用时间来拖垮他们的斗志。

为了粉碎敌人的阴谋，争取更大限度的自由和立即开庭“审讯”，马骏等人果断地做出决定：绝食！绝食自 4 月 2 日开始。

绝食斗争的消息传到外面，各界人士表示关切和同情。觉悟社的社员和天津学生联合会干部更是惦念他们的健康和生命安全。4 月 5 日下午，为了配合狱友们的斗争，“天津中等以上学校学生会联合会男女代表谌志笃……邓文淑（邓颖超）……24 人到警厅，要求替代被拘的 24 人出狱”①。他们明确表示，代表在这里已经被拘押了 70 多天，他们时刻想着代表安危，愿意把自己留下来替换那些代表，把里面的人放出来。这时，被拘的时子周说：“请诸位回去吧，不必说了，别说诸位进不来，就是能进来，警察厅内不过又多添 24 个人，有什么用处呢？我想警察厅决不能因为你们诸位进来，就让我们出去。我们亦没有出去的道理。我们在里边无论受什么罪是为国，就是牺牲了生命亦值得。你

① 中国社会科学院近代研究所、近代史资料编辑组：近代史资料类编《五四爱国运动》（上），中国社会科学出版社 1979 年 3 月版，第 40 页。

们诸位何不把为我们的心移到为国上头呢？再说何必全进来呢？”[①]此番言语充分显示了我党早期革命者的坚定信念和纯真的革命友谊。他们的革命义举、崇高的行动，在五四运动中传为佳话。

觉悟社的战友们一面组织大家进监探视慰问，一面发动新的、声势浩大的反杨（以德）运动，抗议书把省署高大的铁门几近堆平。但凡有一点正义感的报纸都纷纷指责杨以德“虐待爱国志士，十恶不赦”，同时，对他发出“各界人民将以牙还牙、以眼还眼”的警示。

迫于压力，4 月 7 日，敌人不得不把身患重病和年纪较小的代表先行释放，然后将余下的代表从拘留所移送到地方检厅。当天晚上，代表们被分别关在刚刚划出的 5 个监房里。每个监房里都放着一个多日未经洗刷的散发臭气的便桶。室内没有电灯，一片漆黑，只是在室外走廊的天棚上吊着一盏遮满尘土的昏暗电灯。代表进到各自监房后，狱吏便走上前上锁，随着咣当的锁门声，5 个监房内同时发出了怒吼：“不要锁门！”接着，大家一同捶门、拉门，呐喊：“我们要找厅长！”检察厅长徐步善不得不赶来解释道：“锁门是监狱的制度，不敢对诸位特殊，希望遵守制度。”这时，马骏立刻愤怒地驳斥检察厅长：“我们反对警察厅非法拘押和无理地限制我们的自由，才一致绝食要求移送法院，依法解决。现在把大家锁在房内，其无理程度甚于警厅，我们绝对不能接

---

① 中国社会科学院近代研究所、近代史资料编辑组：近代史资料类编《五四爱国运动》（上），中国社会科学出版社 1979 年 3 月版，第 40 页。

受。”[①] 马骏和代表们据理力争的话语使厅长难堪至极，最终不得不答应今后不再锁门。这是他们到看守所后取得的第一次斗争胜利。

紧接着，他们又进行了反对限制自由和改善居住条件的斗争，当局因此不得不放松管制，允许代表在院里散步，彼此往来，买书报杂志等。反动当局迫于舆论的压力，同意让马骏等人在一尺见方的窗口与其他代表见面。会面时，大家互相问候，传递信息，战友之情溢于言表。马骏每次与他们见面都谈笑风生，充满了必胜的乐观与自信。这份乐观与自信深深地鼓舞着同学们的斗争意志。

在狱中，马骏决定把监狱变成革命的课堂，与反动政府展开斗争，很快便成为斗争的核心。

在检厅拘押的代表中，除部分商界、报界代表及中学教师外，其他人员都是大、中学校的学生代表和爱国运动的先锋骨干。为了鼓舞他们的斗志，进一步宣传进步思想，马骏亲自起草了《起居章程》，制定了起居时间和学习课程表。他们每日起床后，做柔软体操一次，上午例行接受检察厅“讯问”，下午读书学习。课程有中文、英文、日文、数学、历史、心理学等。晚上安排研究社会问题和开娱乐会，子时前就寝。还规定每日晚 8 点开一次全体会，除有特别事情外，全体必须到会，议事时不得无故退席。各室每日设轮流值日员一人，代表其所在监房会商传递有关事宜，分头落实。此外，又推选交涉员、公共卫生秩序视察员、会计庶务正副主任、娱乐委员等。为在难友中开展进步思想的传播，他

① 天津历史博物馆、南开大学历史系《五四运动在天津》编辑组：《五四运动在天津》，天津人民出版社 1979 年 12 月版，第 815 页。

们还组织了"读书团""运动团""演说练习会""特别讲演会"等。马骏以《研究问题的方法》《演说学》《检厅拘留期中的批评》《演说的预备方法》《安那其主义演说学》等为题做了多场报告，深受狱友们的欢迎。最难能可贵的是，在这里，不少狱友初步接触到了马克思主义理论。

狱中学习既丰富了文化斗争生活，又学到了新思想、新知识，明确斗争新方向。把监狱作为课堂、作为斗争场，体现了革命者不畏强敌、视死如归的英雄气概，更加凝聚了他们的斗争力量，犹如一把尖刀插在敌人心上。

5月1日，马骏等人在狱中组织狱友举行了隆重的庆祝五一国际劳动节活动。当天狱友们放下书本，早早起床，分室进行大扫除，以实际行动过好节日。大家又买了50多个馒头分送给狱中的工人，向他们表示节日的问候。

5月4日，狱友们召开了纪念五四运动一周年大会。马骏向狱友们报告了五四运动一年来全国爱国运动的开展情况和取得的成就。晚上演出文娱节目，有口技中国乐曲、滑稽戏、清唱、相声、京剧、大鼓等，内容形式丰富多彩。马骏拿手的传统剧《跳加官》和演奏的关东大鼓博得了阵阵喝彩。

值得一提的是，在令人窒息的监狱里，要想弄到一些进步的书报资料真的是比淘金还难。马骏他们却能弄到，这无疑需要超凡的智慧。

事情的经过是这样的：正当他们渴望得到学习材料和外面信息之时，天津警察厅长杨以德前来"训话"。他向马骏等人大吹一番，说他如何同情爱国青年，如何关心年轻人的“前途”，并许诺说，如果年轻人在学习用品上有什么困难，可以有求必应。杨以德以为掌握了同学们的弱点，“我即使有天大的许诺，兑现不了，你们也不能拿我怎样”。可这回他打错了算盘。马骏等人给杨以德开了一个长长的书单。除有一些必备资料外，把《四库全书》，汉英、汉俄、汉日对照大词典等昂贵书籍也列入书单。账房先生用算盘一打，居然有几千元之多，还真是一笔巨款。杨以德一听，顿时暴跳如雷，满口吐脏话地骂了起来，最后决定让账房先生挑最便宜的买了几种。本来是想拿这些“便宜”货应付一下，但这些正是当时所能买到急需的较进步的书报杂志。

杨以德逐渐发现了狱中的领导中心，这个中心成员都是“犯人”中有威信的。于是便想能否把他们中间的骨干争取过去，让这个集体自行瓦解。马骏自然成为他争取的首选对象。

杨以德的算盘打得很如意，可是领导中心的成员们对他的小把戏早有防备，并做好应对的准备。尤其是对马骏来说，这种故技重演，他早已应付自如了。敌人软硬兼施，他就软磨硬泡。有时是怒声叱责、干脆驳回，有时是轻松诙谐、讽刺笑对。杨以德最后无计可施，使出一个最卑鄙的手段，他趁马骏的老父亲马喜贵从家乡来监狱送冬衣的机会，想引诱马喜贵劝儿子放弃革命，走所谓“读书救国”的路子。在除夕夜的饭桌上，他把马喜贵搬了出来，说：“马老太爷说得好：‘你是管法的人，这不怪你啊！’人家说话够多明白。他老太爷从老远来，那么大年纪，我看他的气色说话，我说：‘你得发财！’他老太爷说这话，我

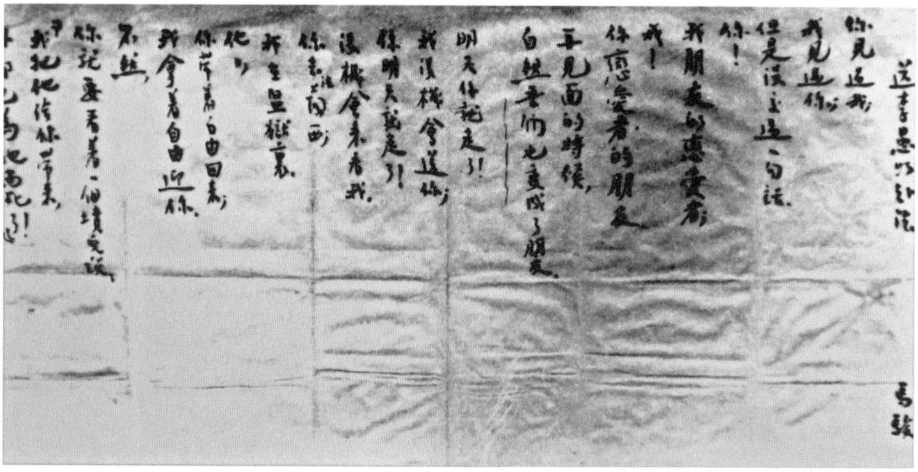

〉马骏送给李愚如的诗

真痛快！这个朋友我算交着了。”[①] 杨以德妄图以此拉近与马骏的关系。

马骏对父亲说：“国家将亡，谈何读书……倘大家同为救国，理应奋斗到底，如中途止步，必成爱国大众之罪人。我想家父也不愿意我成此罪人。”马喜贵被儿子的民族大义所感动，欣然表示支持儿子的革命。杨以德一看此计行不通，则劝马喜贵把儿子领回去做生意，其他人都在想办法出狱。马喜贵告诉杨以德：“要看这 26 人我都看，只看马骏一人我不看，他们都是我的干儿子。”马喜贵利用探监之机，给狱中的学生每人带了一份点心，点心盒做成上下两层，上层放的是点心，下层藏的是邓颖超等同学捎进来的外面对他们声援的消息，告诉监狱中的战友，他们并不是一个人在战斗，身后有强大的力量支持。

① 中国社会科学院近代研究所、近代史资料编辑组：近代史资料类编《五四爱国运动》（上），中国社会科学出版社 1979 年 3 月版，第 23 页。

〉天津各界人士欢迎被捕代表出狱的车队

马骏性格开朗，充满革命的乐观主义精神，他深陷囹圄时仍能谈笑自若，充满胜利的信心。6 月下旬，其友人李愚如（李锡锦）赴法国前曾去看望马骏，马骏扶病草写《送李愚如赴法》一诗（原稿现存中国革命历史博物馆）相赠，激励他不断进步。

这首诗虽小，但清新流畅、生动感人。诗稿行书隽秀，饱含马骏为争取祖国自由而献身的坚定革命信念。见其诗，仿佛见到了马骏视死如归特有的平静。

经过被捕同志不屈不挠的斗争和全国各地的积极声援，天津地方检察厅被迫于 7 月 6 日到 8 日开庭，连续审理三天。马骏在审理的第二天因病不能亲自到庭答辩，但却得到爱国律师刘崇佑等的有力支持辩护，检察厅只好强捏罪名，以“私擅监禁罪”处马骏等有期徒刑两月，根据被告人于未决前期的拘押日数均准折押的惯例，于 7 月 17 日服刑期满，宣布马骏和其他狱友“期满释放”。

1920年7月17日，在天津审判厅门前，人头攒动，人们翘首以待。不一会儿，从里面走出一行人。据记载：“慰问团员们像见到久别的亲人，一齐拥了上去。握手，紧了又紧；热泪，流了再流。”[①]天津各团体为此召集了一次盛大的群众大会，热烈欢迎这20多位代表获释，各界爱国人士百余人到检察厅迎接全体被捕代表出狱。由各界联合会和学生联合会组织了100多人的慰问团，他们代表全天津市的人民，把光彩夺目的写有“为国牺牲”的纪念章佩戴在每位被释放的代表胸前，并给他们挂上大红绸花。大家合影拍照留念，随后分乘9辆插着“欢迎被捕代表出狱”旗帜的汽车，浩浩荡荡直奔商会。

车队缓缓经过闹市区大胡同、北马路，沿途受到群众热烈欢迎，然后在商会大院举行隆重的欢迎会，爱国群众挤满大院。在欢迎会上张若名讲述她和郭隆真在“营务处”关押的经过。会上，宋则久等5位爱国人士致辞欢迎，欢迎他们斗争凯旋。会后，国货售品所等向出狱人员赠送生活用品。老绅士冯俊甫准备了20多把纸折扇送给每一位出狱者，他还在每一把扇上亲笔书写了充满爱国豪情的“志士同心光历史……瀛海澄清捕鳄鱼”等诗句，激励爱国人士为民族强盛不懈奋斗。会后由商务会会长卞月庭、水产学校校长孙子文在天津最大的饭店“燕宾楼”请全体代表吃“压惊饭”以示慰问。

马骏等人出狱后，张伯苓迫于压力做出开除马骏等学籍的决定。

---

① 石英、范之麟：《五四运动话天津》，天津人民出版社1961年版，第116页。

张伯苓亲自找他们谈话，表示他们都是好学生，开除是不得已而为之，希望他们今后有好的发展，为民为国。张伯苓还给每位同学发放一些费用以表达心中的歉意。

〉同学会当日为表彰马骏的英勇奋斗精神，留日同学单独送他“逸泉奋斗”纪念章以资鼓励

事后，张伯苓两次派人送薪水到马千里家，又请人去当面邀请，均被马千里以自己不适于做学生工作为由婉言谢绝。

“这不是斗争的结束，而是真正的开始……”马骏说。半年的“课堂”教育，马骏总结了五四运动中的经验教训，得出一条真理是：只有彻底打倒一切黑暗势力，中国才有真正的出路。马骏开始利用一切时间，饱读有关新思潮的书报杂志，接受新思想洗礼，踏上了新的革命征程。

此后，敌人说马骏更为狂妄了！

陶然亭的启迪

北京前门外的西南角，有一座陶然亭公园。公园名取唐代大诗人白居易“更待橘黄家酝熟，共君一醉一陶然”之诗意。这里不仅是人们休息游览的好场所，更是值得人们纪念的地方。由于这里比较幽静，无尘嚣之扰，五四运动前后，新文化界的名人、中国共产党的创始人经常在这里聚会进行革命活动。

1920 年盛夏的一天，亭中一群青年人伴着湖波柳色在聆听着一个文质彬彬的中年人讲解。

这是天津觉悟社部分社员和北京少年中国学会、青年工读互助团、曙光社、人道社等团体的代表 20 人，在北京陶然亭慈悲庵北配殿内与李大钊先生举行的茶话会。这天是 8 月 16 日，是一个永远值得纪念的

〉1920 年夏，与李大钊先生举行茶话会后，觉悟社部分社员合影留念，后排左三为马骏

日子。

此前，被捕代表释放后的 8 月初，天津觉悟社举行了一次年会。经过革命的洗礼，有两名社员已经出国，一名社员在南京投考高等师范，一名社员回家省亲患病，另有几名社员因某种原因，斗争半年来未参加各项活动。这次年会，只有 14 人参加，在法租界一间小楼房里开了三天。会上每一个社员都谈了一年多来的思想变化和感受。

开会的最后一天，这 14 人在天津历史最悠久的鼎章照相馆合照了一张相片作为纪念。这张照片就是目前各博物馆里以及有关五四运动历史资料上都能见到的那一幅相片。

因李大钊热情地支持过觉悟社的活动，大家都崇拜他的思想和人格，建议赴北京请李大钊先生给迷茫中的社员指导方向。会后，马骏等 11 名社员来到北京向李大钊先生请教。李大钊对觉悟社的主张早就支持赞成，又一次给了他们以热情的鼓励。李大钊开具了一个进步团体的名单，建议以觉悟社名义邀请这些团体举行一次座谈会，共同商议斗争方向。

座谈会推举刘清扬主持，邓颖超首先发言，报告了觉悟社成立的经过和一年多的活动情况。会上把觉悟社年会时提出的关于“联合改造”的意义做了说明，获得与会者的一致支持。各团体的代表也都相继发言，各抒己见，气氛热烈。最后，由李大钊先生讲话。革命的新主张如同碾碎旧世界，宏达猛烈、声震屋瓦。他指出：“今日世界之潮流，极其显然，凡为一个团体，必须有其明确的主义，如主义不明，对内既不足以统一全体意志，对外也不便采取联合行动。所以，旗帜要举得更为鲜明……”他以朴实、谦和的态度对到会的革命青年进行了热情的鼓励，并对他们提出了恳切的希望：“到劳工群众中去，到农民中去，和他们同命运、共呼吸，了解他们，启发他们，依靠他们。因为二十世纪的革命，必定是滔滔滚滚的群众运动……”①

会上确定由到会的每一个团体各推 3 名代表，在李大钊先生的指导下在北大通信图书馆开了一次“筹备会”，决定 5 个团体联合起来组建一个“改造联合”。经商议，通过了一个“改造联合宣言”和约章。这两个文件中明确接受了李大钊先生建议的思想，号召集合在“改造”赤旗下的青年，要本着团结互助的精神，组织一个打破一切界限的联合体。同时提出了“到民间去”的号召，而且对于“到民间去”做什么事，

① 石英、范之麟：《五四运动话天津》，天津人民出版社 1961 年版，第 117—118 页。

〉1920 年 8 月 16 日，天津觉悟社邀请少年中国学会、青年工读互助团、曙光社、人道社等社团在北京陶然亭召开关于实现“改造联合”的座谈会

也明确提出“社会实况之调查”“农工组织之运动”“妇女独立之促进”“切切实实地做点事”。这些先进思想在当时都极具前瞻性，可以从中找到我党早期革命工作的身影和主张。

在李大钊的启发和帮助下，不久，天津的革命知识分子开始深入工农群众中去活动。这次座谈会，成为他们踏上新的战斗征程的起点。

直到这时，大家才发现马骏在被拘禁的半年中，竟蓄起很长的胡须。有人端详良久，觉得实在别有一番风致，就禁不住赞叹道：“好个美髯公！”马骏只是笑笑，也不多说。马骏的“美髯公”美誉由此得来，这满面的胡须也为他日后多次躲避敌人追捕起到“化装”作用。

加入中国共产党

经过五四运动的洗礼，马骏已经彻底觉醒和成熟起来，成为“著名的共产主义信仰者”。1920年，马骏在上海加入中国社会主义青年团，同年底加入中国共产党，以坚定信仰和革命者的姿态走上了无产阶级的革命道路。至此，马骏从一位救国救民的进步青年，正式成为一名中国共产党党员。党的宗旨、党的纲领、组织的力量让马骏真正地感到终于找到了革命的方向。

在俄罗斯国家社会政治历史档案馆里有一份尘封已久的档案，其中一张手写的党员履历调查表上，写着这样几句话：“我的思想是要做一个大政治家，把中国治得国富兵强，这完全是国家主义思想，后来在天津时，正值五四运动，我的思想因受了冲击，就倾向为无政府主义，

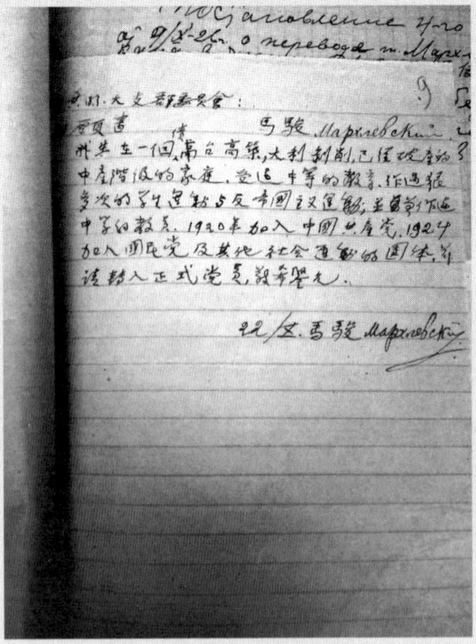

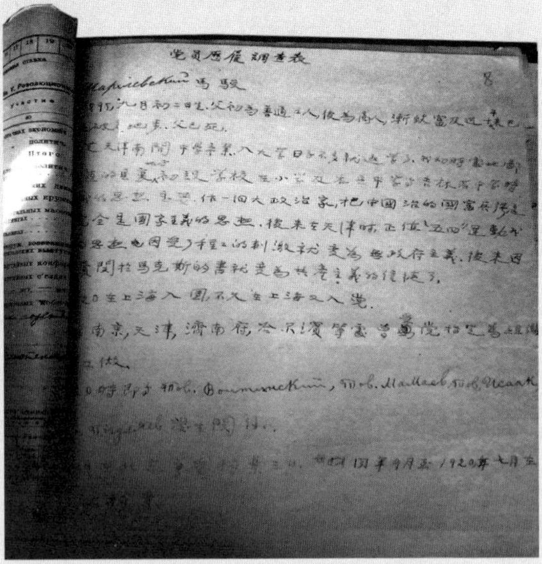

〉马骏在莫斯科中山大学的档案资料

后来，因为阅读马克思的书，就变为共产主义的信仰者了。”这是马骏对自己如何寻找到共产主义信仰最真实的记录。

近年来，俄罗斯公开了许多历史档案。经过多方沟通，马骏的孙女马丽颖多次到俄罗斯查阅有关中国的历史档案。在俄罗斯国家社会政治历史档案馆、莫斯科中山大学等的档案中，查阅到了马骏在中山大学留学时期的珍贵档案资料。在马骏 1925 年入莫斯科中山大学时填写的履历表中，清楚地填写了马骏加入中国共产党的时间是 1920 年底，在上海入党。

由此证明，马骏是中国共产党创建初期的党员。俄罗斯的档案管理非常严格，目前只允许革命后代以个人身份查档。马骏 1925 年在莫斯科中山大学填写的履历表是经过严格审核的，史料真实。

中国共产党于 1921 年成立，为何马骏在 1920 年就入党了呢？要弄清楚这一问题，我们需要追溯历史。中国共产党第一次全国代表大会召开之前，中国已经出现了中国共产党的早期组织。中国共产党的最早组织是在上海首先建立的。1920 年 8 月，共产党上海早期组织正式成立，参加者有陈独秀、李汉俊、李达、陈望道、俞秀松等，陈独秀任书记。共产党上海早期组织成立后，实际上成为各地建党活动的联络中心，起着中国共产党发起组的重要作用。1920 年 10 月，由李大钊、张申府、张国焘 3 人发起成立共产党北京早期组织，李大钊为负责人。这就是“南陈北李”的由来。此外，还包括毛泽东、何叔衡等在长沙，以新民学会骨干为核心，秘密组建共产党早期组织等。1921 年春，陈独秀等重新

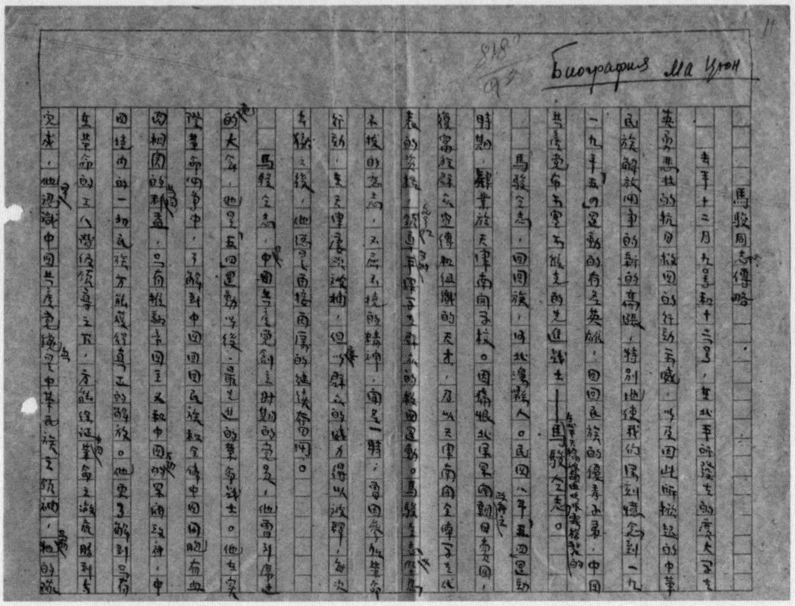

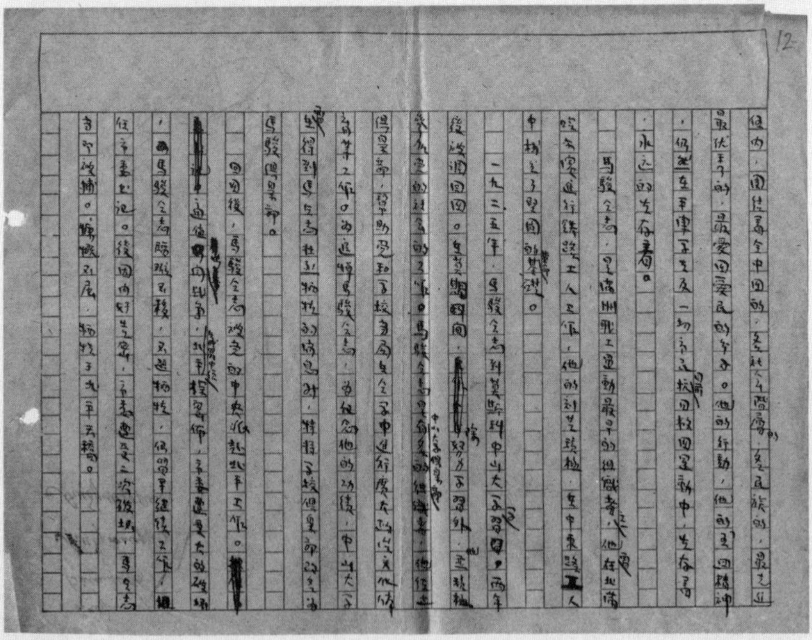

〉《马骏传略》手稿

组建共产党广州早期组织，成员有谭平山、陈公博、谭植棠等，陈独秀、谭平山先后任书记。1921 年，张申府、赵世炎、刘清扬等在法国巴黎也建立了由留学生中先进分子组成的共产党早期组织，张申府为负责人。这些共产党早期组织的名称不一，有的叫“共产党”，有的叫“共产党支部”或“共产党小组”，但它们的性质相同，都是中国共产党的地方组织，后来被通称为“党的早期组织”。后来由蔡和森提议称“中国共产党”，得到所有党员的认可。中国共产党名称由此诞生。1921 年 7 月 23 日，中国共产党第一次全国代表大会在上海召开。会议的最后一天转移到浙江嘉兴南湖举行。参加大会的代表共 13 人，代表当时所有党员 50 多人。党的第一次全国代表大会正式宣告了中国共产党的成立。因为党还处于创建初期，党员入党没有入党介绍人，填写证明还不完善，也无宣誓仪式等。因缺少规定的程序，所以他们的入党时间也就几乎没有文字档案记载。所以早期党员入党时间是从加入共产党早期组织算起，马骏即是在 1920 年底加入共产党早期组织的共产党员。

到人民中去

毛泽东曾说过："既然必须和新的群众的时代相结合，就必须彻底解决个人和群众的关系问题。"①作为先驱者的知识分子，必须始终倾听民众的呼声，为民众效命。知识分子"到民间去，组织起来切切实实做点事"，特别是早期的共产党人怎样把马列主义的革命斗争理论与改造中国半殖民地半封建社会的实践结合起来，开展有效的革命运动，这是一个必然而复杂的理论与实践的洗礼和例行过程。马骏经历了这样的过程。

根据李大钊的"到民间去"的号召，1920 年马骏离开天津回到东

① 《毛泽东选集》，人民出版社 1967 年版，第 833 页。

北宁安县老家。曾经在天津、北京、上海叱咤风云的热血青年马骏，回到偏僻的宁安县，由于初到农村开展革命，对斗争环境很不适应，所以他很快返回天津向“五四”时期的同学战友请教斗争经验，但因他们或出国或分散到各地，都不在天津，马骏不禁有些失落。

20 世纪 80 年代，据五四运动研究专家、曾经和邓颖超等参加过天津五四运动的人有过多次接触的廖永武先生回忆：

> 1920 年后，马骏再到天津时，曾经住在五四时期的老师和战友时子周[①]家。时子周也曾和马骏一起蹲了半年监狱。出狱后，他为了抗议南开学校开除了马骏等爱国学生，愤然辞去南开学校的职务。五四运动后，时子周也在为生计奔忙，没能给马骏提出好的建议。
>
> 马骏找不到可发挥作用的事，一度很沮丧。马骏找到还在天津直隶女子师范学校读书的邓颖超，讲述自己的苦闷。邓颖超给了马骏一些支持和鼓励。马骏离开天津后，又先后到了北京、上海。他在独立思考、探求、摸索基层工作的方法路径。

因为马骏当时从事的是极其危险和秘密的革命活动，所以没有文字资料记载，加之地方党组织不健全，可记载的文字史料也极少。不过

① 时子周（1879—1969），又名时新作，经名哈立德，回族，天津人。1917 年赴日本考察，回国后任天津南开学校教务主任，1931 年九一八事变后，成为国民党在天津的嫡系。后因国民党内部明争暗斗而失势丢官，1948 年 10 月，离开天津去了台湾。

从哈尔滨和吉林的党史资料中，还是可以看到一些关于马骏深入群众的革命历程。

马骏回到家乡宁安后，他深入农民群众、青年学生中去，宣传党的主张，宣传俄国十月革命的经验，宣传五四运动的精神，并把这些革命思想同广大受苦受难的人民群众的现实命运结合起来，深刻领会革命的切身利益。

这次回到宁安，马骏受到乡亲们的欢迎。这固然有他在家里时就和乡亲们贴心的缘故，更主要的原因是乡亲们从来自外界的传颂中，知道了一些马骏这几年在外面的英雄事迹，为乡亲们争了光。所以，他们是以崇拜英雄的心理迎接马骏的。马骏和乡亲们一见面，就很朴素地说："我还是从前的马骏，以前怎么样，现在还是怎么样。"乡亲们高兴地说："临走时说几年后回来，到底回来了。"于是纷纷向马骏倾诉这几年的痛苦和境遇。马骏听后，他猛地站起身来，攥紧拳头说："咱们不能这样下去，要靠斗争翻身做主。"他鼓励乡亲们天总会亮的，只要大伙同心协力。大伙觉得他说的句句在理，越听就越鼓劲。马骏更是从乡亲们的身上发现了许多过去从未发现的东西。后来他给友人写信时说，他永远忘不了这次会面，与乡亲们的一席话，"胜读十年书"。

马骏自从回家后，还是保持他以往的习惯，睡得很晚。他最喜欢在晚饭后和农民们坐在场院里，设身处地地攀谈，了解群众的诉求。最初，是谈一些古今兴亡、山南海北，包罗万象，特别是当马骏说起三国、水浒里的故事，农民们听得津津有味，喜笑颜开。渐渐地，农民开始唠起现实社会和境遇，讲些现实的、身边的事。这时，马骏觉得真正的工作开始了。

夜里，马骏讲故事的内容变了。当他提出要讲五四运动斗争故事时，大伙高兴极了，直催他快讲。他立起身子，挥动手臂，好像又在带领群众和反动官府进行面对面的斗争。一时坐在别的场上的农民也被吸引过来，人越聚越多，挤满偌大的场子，有些小伙子干脆爬到豆垛上听。

马骏把五四运动的斗争目的跟当前农民的遭遇很自然地联系起来，充分表达了农民们的心声。当马骏讲到青年们的英雄气概时，他的面孔在月光下显得更加神采焕发，眉宇间闪耀着一股英武之气。当讲到反动人物的卑劣伎俩和种种丑态时，他总是加以具体的描绘，并伴有模仿的表情，逗得听众不时发出阵阵哄笑。大伙的笑声刚止，马骏深有所感地说："那些压迫人民的家伙，表面上都挺凶，心里却装着一百个怕，他们最怕的就是群众齐心，心一齐什么刀枪火炮都变成烧火棍。"农民们心领神会，强烈要求马骏继续往下讲。

马骏指着满场院像小山似的大豆、高粱，愤慨地说："就说今年的庄稼吧，真可说是大丰收，可是军阀们一挤、日本人一勒，庄稼人自己还能剩几粒呢？"有人问，那怎么办好呢？马骏瞅瞅四周，声音稍稍放低了些说："给他们个软磨硬顶，压力大人心齐，挤得紧生巧法，反正咱们不能眼睁睁叫大人孩子饿死。"大家豁然开朗说："对，少缴点租子，咱们不能那么老实挨欺负！"接着，马骏和老乡们悄悄研究了抗粮抗捐的具体办法，开启了他向基层宣传党的思想的新征程。最后，直到马骏劝大家回去休息时，乡亲们才慢慢地散去。

东北建立党组织

有党的领导作为坚强后盾，更加鼓舞了马骏领导宁安人民进行革命斗争的信心。

据资料记载："中国共产党诞生后，即派党员到东北地区工作，1922 年 2 月，中共北京地方执行委员会派马骏到哈尔滨"[①]，从事地下工作（这是关于马骏何时来东北的一种说法）。在党的领导下，马骏四处奔走。资料显示："马骏是最早在吉林省开展革命活动的共产党员。从 1921 年到 1924 年，马骏除在哈尔滨开展党的宣传和组织工作外，

① 安振泰、王子文、张广恩、施玉春：《中共满洲省委组织演变概况》，载《党史研究资料》1982 年第 10 期。

还经常往来于吉林、宁安、绥芬河等地，宣传马克思主义，介绍俄国十月社会主义革命。”①他在宁安建立起吉林第一个党小组，也是东北地区的第一个党小组，是东北党组织的创始人之一②。马骏的积极活动，揭开吉林革命新篇章。

马骏在宁安向传统的封建礼教发起攻击，致力于当地的旧礼制改革。解放前，当地结婚或治丧程序是相当复杂的，繁文缛节一大堆，费时费力费钱财。马骏在家乡组织民众，倡导破旧立新，号召废除红白喜事中的陈规陋习，主张婚丧礼仪从简。

为废除婚丧嫁娶的陈规陋习，马骏身体力行。1919 年 9 月，觉悟社成立之后，马骏回到家乡宁安与青梅竹马的杨秀蓉结婚。他结婚时，带头采取文明结婚的新仪式，得到了昔日战友的支持。

马骏的夫人杨秀蓉回忆说：“1919 年我和马骏结婚，周恩来送给我们两个镜框、两条哔叽的被面（一条是红色，一条是绿色，现在都放在中国革命历史博物馆）。马骏遵从他关于婚礼从简、破旧立新、不行大礼、不讲排场、废除宗教礼仪的嘱托。举行婚礼那天，我们没有跪拜，只向来宾、证婚人、教长三鞠躬。”

马骏还即席做了感人的讲演：“清朝灭亡了，我们不再受气了，为什么这种不合理的制度还保留下来？跪拜礼是对人格的一种侮辱，应该改变。现在的中华民国许多制度都在改变，诸位相信不久的将来整个

---

① 中共吉林省委党史研究室：《中国共产党吉林历史》第一卷，吉林人民出版社 2005 年版，第 42 页。

② 李延禄：《艰难旅程》，《上海文艺》1978 年第 4 期。

世界也要变。”在他的带动下，当地回族群众对婚丧嫁娶等进行了改革，减少了礼物和礼法，大大减轻了回族群众的负担，颇受大家的欢迎。在改革上，他不厌其烦地反复向回族弟兄宣传一切从简的意义。他说：“我们宁安回族总计不超过二百户，都是小贩和手工业者，生活一天不如一天了。整个中国日渐贫困，我们少数民族也不例外，尤其我们回族的婚丧嫁娶太奢侈，娶媳妇、嫁姑娘后，生活的贫困立即呈现在我们面前。”他倡导大家要“从节俭开始，别好面子，别充胖子，娶媳妇废除金银首饰和过多的彩礼，丧事废除送丧穿大孝”。关于崇俭还制定了章程，印发到各族各家，在群众中产生了很好的影响，在同封建礼教的斗争中起到了一定的作用。马骏给同时代的年轻人树立了移风易俗的榜样。

马骏的革命宣传活动，使当地群众迅速觉醒起来，但他也成了土豪劣绅和卖国贼的眼中钉、肉中刺。他们相互勾结，百般攻击迫害，叫嚣：“自从马骏回来后，宁安就不得安宁，要想真正安宁，必铲除马骏！”马骏听后，不以为意，斗争劲头一点也没有松懈。

红色交通站

1917年初，马骏在天津南开学校的学长邓洁民从日本留学回国，他深感东北教育的落后，于是立志走教育救国之路。1918年4月，他在哈尔滨（哈尔滨当时隶属吉林省）创办了东华学校。这是哈尔滨第一所私立中学。邓洁民是哈尔滨宾县人，1914年他去日本早稻田大学留学，又和李大钊成为同窗。

中共党组织在哈尔滨建立之前，东华学校是马克思主义在哈尔滨传播的重要基地，聚集和培养了大批进步青年，是早期革命者的摇篮。邓洁民在东华学校建立青年会、爱国会、季报社等进步组织，广泛开展各种革命活动。东华学校为国家培养了大批人才，也成为传播革命火种的红色据点，被哈尔滨的党史研究者称为“红色交通站”。尽管邓洁民不是共产党员，但是因为李大钊的信任，邓洁民这里成了中国共产党和苏联共产党联系的中转站。

马骏是东华学校的神秘客人。20 世纪 20 年代初，马骏多次来到哈尔滨看望邓洁民，并住在东华学校里。他停留时间最长的一次是 1920 年 8 月。马骏从天津来到哈尔滨东华学校开展革命活动，邓洁民将校长室隔断，里面的半间让马骏居住，邓洁民在外面办公。

邓洁民校长对马骏悉心地保护和照料，而此时的马骏将关注的焦点转向社会底层。据马骏的孙子马为平回忆：祖父当年就是白天在这里休息做一些准备，召开一些小型会议，晚间到三十六棚中东铁路工人区发动工人办夜校，发动工人起来收回中东铁路共管权，并发动工人运动。他在东华中学，实际上是地下党组织建党初期在那里搞工人运动，发展城市党团组织的一个地下联络点。

邓洁民在东华中学，曾经帮助很多中国共产党、朝鲜共产党人往返于中苏之间。“1921 年 5 月，高丽共产党在俄境伊尔库茨克召开会议，其中一些朝鲜代表也是先落脚在东华中学。”①

马骏除了教授学生们语文课之外，学生们都会听到这位老师向他们讲授一些他们从来不曾听到的事情。每到周末，他就利用学校组织的演讲会、辩论会，向师生宣传马克思主义，进行爱国主义教育，介绍天津学生在五四运动中组织觉悟社和创办《天津学生联合会报》的活动。

① 中共吉林省委党史研究室：《中国共产党吉林历史》第一卷，吉林人民出版社 2005 年版，第 26 页。

同时，积极宣传女性解放、男女平等，鼓励女学生登台演讲。他还在夜晚深入工人中宣传马克思主义。马骏借此直接把五四运动的精神通过东华学校的师生在哈尔滨市进行宣传。东华学校能够培养出一大批青年精英，马骏是起到了重要作用的。

据邓洁民的女儿邓爽回忆道："那时关里常有人来，有一个马天安大叔，一脸黑胡子，说是刚从天津监狱里放出来的。为了掩护他，我爹把东华的校长办公室隔断为二，外间办公，里间让马大叔住。他白天不大出门，多半在夜里出去。他在东华住了很长一段时间。这个马天安就是以后成为烈士的马骏同志，吉林宁安人，也是我父亲在南开的校友。1920 年上半年和几个同志等一起被关在天津监狱里，在狱中留了很长的胡子，出狱后就来到东北，我父亲戏称他'马大胡子'。他对我的姐姐、哥哥非常好，所以在他们幼小的心灵中都留下了这个大胡子马大叔的印象。我的姐姐还记起了马大叔曾经给东华学校学生、我的姨母李淑懿拟写讲演比赛稿的事，题目是《妇女解放与社会之关系》，足见他还参加了东华的活动……"在这篇演讲稿中，马骏指出了改造中国社会、争取妇女解放的意义和作用，强调妇女不解放，中国社会就不会发展进步的思想。

后来，东华学校因收容朝鲜革命青年，遭到日本驻哈尔滨领事馆和当地警察的搜查，党的秘密机关由此被敌人破坏。

播撒信仰火种

马骏通过邓洁民的介绍，结识了哈尔滨反帝爱国运动的组织领导人之一、进步青年韩迭声。道外十六道街圈楼医务施医处的王锦生，曾在天津南开学校施医处任红十字队医长，是马骏的好友。在哈尔滨期间，马骏经常到他那里去。当时，韩迭声也常到王锦生处，并且经常听马骏的讲演。马骏与韩迭声相识，由此一场轰轰烈烈的革命斗争正在酝酿之中。

五四运动以后，哈尔滨的反帝爱国运动愈演愈烈。马骏向韩迭声等人介绍俄国十月革命的情况，介绍在五四运动期间，天津爱国群众组织成立“救国十人团”、办《天津学生联合会报》、进步青年创办觉悟社的情况和经验，鼓励他们只有把群众组织起来，才能有效地开展反帝爱国运动。同时把国内外的形势在进步青年当中进行讲述传播。

在马骏的启发和指导下，1922 年 2 月 2 日，由韩迭声发起，马骏做后盾，韩迭声和张树屏、于芳洲等社会各界人士，一同组建了哈尔滨救国唤醒团。该团的成立宗旨是“唤醒同胞，群策群力，以为外交之后盾，冀希挽回共管而达成我统治领土大权之目的”；反对日本提出的灭亡中国的“二十一条”；反对沙俄残余势力把持中东铁路。当时一些来自哈尔滨铁路车辆厂、学校、工厂的进步青年分别组织救国唤醒团分会，包括工人、学生、商人和妇女等群体，纷纷加入救国唤醒团，并进行游行示威活动，呼吁市民奋起斗争，反对当时的“二十一条”、《九国公约》等一系列不平等条约。救国唤醒团的队伍迅速壮大起来，不到半年的时间，由最初的二十几个分会，最后在哈尔滨形成 60 多个救国唤醒团的分会。在此基础上，又在哈尔滨道外区同时成立了哈尔滨市救国唤醒团联合会。

20 世纪初，哈尔滨隶属吉林省，虽然不是省会，但已成为国际性商埠，先后有 33 个国家的 16 万余侨民聚集这里，19 个国家在此设领事馆。 为了维护主权，马骏和韩迭声等人带领救国唤醒团成员到这些领事馆门前示威游行。各领事馆只要看见示威游行的群众到来，全部紧闭门窗，不敢出门，自知据人国土之不义。马骏之所以到达哈尔滨后就能立刻展开工作，也得力于救国唤醒团发起的反对《九国公约》的抗议游行。

所谓《九国公约》，是 1921 年 11 月 12 日至 1922 年 2 月 6 日，英、美、日、法、意、荷、葡、比、中 9 国在华盛顿召开的一次会议上签订的瓜分和奴役中国的公约。这个消息传到哈尔滨，使得哈尔滨市民无比愤怒。1922年2月6日，华盛顿九国会议闭幕，会上通过的《九国公约》，直接侵犯中国的主权。当华盛顿会议通过《九国公约》的消息传来后，哈尔滨各界群众立即掀起了一场反帝爱国运动。时值马骏回宁安探亲路经哈尔滨，住在东华学校里，他十分关心哈尔滨各界群众掀起的这场反对华盛顿会议的斗争，并对这场斗争给予热情细致的指导。

2月10日，救国唤醒团在哈尔滨道外二十道街滨江公园，召集30个团体、2万余人参加的市民大会。大会抗议华盛顿九国会议强加给中国的不平等条约，并冒雪游行示威。这项活动扩大了救国唤醒团在群众中的影响。救国唤醒团发起者深入工厂、学校、商店，组织群众集会，发表演说，散发传单，张贴标语，宣传和揭露帝国主义列强在华盛顿会议上企图瓜分中国的野心和罪恶行径，唤醒市民奋起斗争。

随着救国唤醒团在东北的影响越来越大，哈尔滨的反帝反封建运动也广泛深入地开展起来了。之后，哈尔滨各行各业分别成立了救国唤醒团分团。唤醒团成员积极宣传反帝救国运动，宣传新思想、新文化。救国唤醒团还经常组织市民举行集会和示威游行，声势一次比一次大，影响从哈尔滨逐渐扩大到全吉林。

救国唤醒团所进行的反帝爱国运动持续半年之久，它不仅显示了中国人民反帝爱国斗争的力量，还打击了帝国主义在哈尔滨的代表势力，为后来党领导的反帝爱国斗争奠定了基础。而马骏指导组建救国唤醒团，是他在哈尔滨开展革命活动的重要贡献之一。

马骏有创办《觉悟》杂志的经验，他非常清楚地知道媒体宣传的力量。他引导救国唤醒团开辟舆论阵地，仿效天津经验，于 1923 年 2 月在滨江商会和粮食交易所的资助下，韩迭声等人在马骏的指导和直接参与组织下，由韩迭声出面向地方当局申请，创办了《哈尔滨晨光报》。马骏在报纸的创办和发展过程中起到重要的指导作用。自此，救国唤醒团有了自己的宣传阵地。《哈尔滨晨光报》最初是以传单形式发放，后来变成对开报纸，提倡白话文，内容新颖，反映民众呼声，深受各界读者特别是青年人的欢迎。马骏利用这个阵地，发表多篇文章，宣传马列主义，宣讲救国道理，揭露帝国主义暴行，特别是日本帝国主义的侵略阴谋和军阀政府的反动统治，介绍平、津、沪反帝爱国斗争发展情况，介绍俄国十月革命的情况，提高了人民群众的政治觉悟，极大地推动了东北人民反帝反封建的斗争。

马骏，作为中国共产党的早期党员，他在哈尔滨的革命活动，为哈尔滨早期党组织的建立奠定了坚实基础。他在传播马克思主义及革命思想、组织群众进行反帝爱国运动、培养我党后备力量等方面起到重要作用，做出了突出贡献。

“另类”教员

由于马骏在哈尔滨的革命活动过于强势，引起当局的不满，经常有日本特务对马骏进行跟踪。马骏被迫离开哈尔滨，回到家乡宁安。为了掩护自己，他在家小住了一个时期，找到了一份职业——应聘到宁安吉林省立第四中学当了老师。他以特有的政治敏感，识别和观察周围的人，联络志同道合的同志，并结合火热的斗争现实和他自己的所见所闻，经常向学生讲述马克思主义和中国目前的形势，在学生中宣传革命思想。

马骏经常写一些充满浓烈革命思想的诗歌。过“周会”时，常常拿来给学生朗诵，进行爱国主义教育。学生听了很受感染。为了救济直鲁豫灾民，马骏组织吉林四中举行义演。他发挥在南开学校上学时文艺骨干的特长，到戏园子演出自己编写的革命话剧，鼓舞人们反抗压迫参加革命。他亲自导演了具有爱国主义思想的戏剧《一片爱国心》，并在剧中饰演角色。《一片爱国心》叙述的是一个由中国爸爸、日本妈妈组成的家庭，家里为了挂哪个国家的国旗而起了争执。中国爸爸出于一片爱国心不同意在家里挂日本国旗。经过中国爸爸的激烈斗争，双方一致同意挂中国国旗，把日本国旗撕碎。这个剧的演出，把在宁安名义上开药店实则是搞特务活动的日本人小粟原仙气了个半死，大病一场。每场戏剧的演出，都大长了国人的志气，灭了侵略者的威风，寓教于乐，感化人心。

在宁安城有个民众讲习所，那里有些讲说员，都是些老先生，讲的内容都是三从四德的封建礼教。马骏每回过来，都对老先生说，“我们给你们做义务讲说员”。开始时，马骏讲的也是老先生们讲的稿子内容，后来他就开始讲爱国主义思想，老先生们则愤而离场。他还时常带块小黑板，到人员集中的大车店去讲演，他在上面画一只正在蚕食桑叶的蚕，他把这形象地比作日本侵略中国的惨况。

从在天津上学时的假期回家一直到回乡任教，像这样的演说，马骏从未间断过，希望以此激发民众的爱国情怀。

马骏在宁安的声望越来越高。校方注意到这位先生有些与众不同。首先是他和学生的关系格外密切，不仅是形影不离，而且是在思想上有种什么联系；其次是这位先生在学校，尤其是在教研室的时候特别多，常常顾不上休息；再就是他的生活异常俭朴，大褂穿了再穿、洗了再洗，看起来似乎一抖动就会坏掉的样子，但对别人却是大方慷慨。有位贫苦学生的母亲得了病，他亲自替学生送母亲到医院，而且包下了全部医疗费用，挽救了学生母亲的生命。尽管觉得马骏特别，但校方认为对学校“危害”不大，也就不十分戒备。后来校方虽多少知道一些马骏的经历和来历，但在他们看来，只要他不领导学生“闹事”，就暂时“留用”下来。

马骏却一直是有所警惕的。他从切身经历中，知道统治者无不心毒手辣，稍一大意，就要吃亏。所以表面上，马骏尽量减少一些锋利成分，跟学生在一起时，除了无关紧要的谈笑外，也较少严肃地谈及政治问题。这样一来，他在一般人心目中，只不过是一个诙谐有趣的人、一个“美髯公”。

随着革命运动日趋高涨，日本帝国主义和军阀走狗们加强了对革命者的残害，在一些文化教育机关中，也加紧了暗探活动。马骏所在的中学当然也不例外。当地官方在这里也设下了坐探，按时向警察机关报告情况。这样，马骏这个“与众不同的教员”，便成为这个坐探主要的怀疑对象。

马骏临危不惧，表现得泰然自若。根据五四运动中的斗争经验，他认为：“对于挑衅者，只有以拳头去打击拳头。”面对现实情况，他采取了外松里紧的对策，外表看来他好像什么也不知道，按老样子过日子，内里他却在调整部署，主动出击。志同道合的同事以及可靠的学生都成为马骏最好的防卫者。马骏挑选他平时所培养的最可靠的一部分学生，组成一个防卫小组，密切注意校中坐探的活动。每在讲解革命真理和朗诵诗歌时，都暗地派出流动哨，遇有“官儿”中可疑的人进校，火速回报，讲课和活动内容马上改变。

马骏常向学生巧妙地讲述马克思主义和中国目前的形势。有一次，马骏在课堂上讲课时，顺便联系讲到自鸦片战争以来的“国耻”，部分学生激动得哭了。马骏虽然挥手制止，一时却难以平抑大家万分激动的情绪。也许是被校中坐探听到了，立即报告给上司。于是县里的视学员来了，还带着两名便衣。但是，视学员离学校还有好远，就被机警的“小哨兵”发现了，“小哨兵”马上跑进教室报告。师生们立刻不慌不忙地做好了准备。

果然，视学员不进教务处，一进门就来光顾马骏这个班的教室。他先在教室门口竖起耳朵细听了一阵。而此时这位教师讲的是“初春，积雪刚刚融化，杏树和桃树就吐出嫩苞，春风吹来，满园一片花香……”，难怪视学员一跨进教室就皱眉头，一副没能如愿而感到失落的样子。

班长迎头喊了一声“起立”。视学员吸吸鼻涕，点点头，没有回声“坐下”，便慢条斯理地迈着方步走进来，挨桌翻看课本，都是细心挑选的法定课本。他还是狐疑地把戴着眼镜的头歪起来，一面冲着抽屉仔细地看，一面还抽吸着鼻子。

一切检查都毫无所获，视学员无可奈何地打个手势，说：“都坐下吧。”回身走到马骏面前，轻轻点了点头，也不知用意何为。

1924年，国共合作的革命统一战线建立了。在中国共产党的领导下，全国工农运动蓬勃发展。这年，孙中山派王秉谦、管涤之来东北宣传三民主义和国民党一大宣言。马骏也结合全国革命形势需要，在宁安领导乡民对汉奸展开了轰轰烈烈的斗争。

宁安的森林资源非常丰富，当地的地痞孙彦卿、何光甲勾结日本帝国主义，想在宁安成立以日本人为主的合作公司。1924 年夏天，他们计划在镜泊湖区建立“富安造纸公司”和“旭东伐木公司”，并修筑宁海铁路。日本人操纵大股，其目的就是把牡丹江、宁安、黑龙江等地的木材都砍伐运到日本。他们打着造福家乡的幌子游说乡里，说把木材卖给日本人，给宁安人民谋福利，赚日本人的钱。马骏知道情况后，一直关注着事态的发展。就在他们创办的“木材公司”悬挂牌匾的时候，愤怒的马骏再也坐不住了。他知道，这完全是将中国的自然资源甚至土地出卖给日本人的卖国行径。马骏立即联合傅云成和关梅轩等人，以京、津、沪、鄂学生团代表的名义出面，在城后街群众集会的“娘娘庙”和“老戏园子”召开民众大会，张贴“吉林宁古塔，有个何光甲，此人是为谁，就是卖国贼”的标语，并发表公开讲演，宣传爱国思想，抵制卖国活动，得到广大群众的支持。人们高呼“打倒卖国贼”“赶走小日本”等口号助威。木材公司的牌子刚刚挂出，就被马骏领导的乡民们摘下砸碎，吓得孙彦卿躲在他的“望江亭”里不敢露面。群众把何光甲揪到会场批斗，揭露其卖国行径。在马骏组织的群众强大压力下，日本撤销了成立的公司。这些人决定利用马骏开酒厂的哥哥来劝说他，劝其留在家里做点生意，赚钱才是正道。但马骏严肃地表示，他决心为人民的解放事业奋斗一生，从不图个人升官发财。这种“规劝”对马骏来讲早已是“小儿科”。事后，孙彦卿与当地的军阀相勾结，迫害马骏，对他的帮凶说:“民众造反，乱了江山，其后台必是马骏，你们应该十分注意他！”

此事之后，马骏在人们心目中的威望更高了，也令宁安的土豪劣绅更感到恐慌，这些人千方百计地拉拢他。宁安督练孟某给马骏送来一张督练调查员的委任状，被马骏当场撕碎揉成团扔在地上。伪县长也想利用马骏在群众中的威望，来维护自己的统治，对马骏封官许愿，甚至承诺马骏只要在县里挂名，每月就可拿到可观的俸禄。当时一个县长也就挣十几块现大洋，县长却答应给马骏200块现大洋。在种种诱惑面前，马骏丝毫不为所动并严词拒绝。

马骏的革命决心，引起家中兄嫂的不满。他常常因为在外活动回来得很晚，只好吃些剩饭。他的夫人杨秀蓉为此十分心疼，但他总是边吃边给她讲革命道理，他说：“只要能为广大穷苦人解脱痛苦，就是吃一辈子剩饭也值得。”宁安的汉奸、劣绅对马骏是又怕又恨，见软的不行，便联合起来贿通了一个姓温的县长，对他加以迫害。一天，马骏正与夫人在韩文魁家参加婚礼，王之人通知马骏说，有人正要逮捕他。闻听此言，马骏与夫人立即离席回到家中，让怀有4个月身孕的夫人给准备了一些行装，当天连夜逃走。马骏乘坐王之人给找的马车，先到海林，后坐火车到哈尔滨，住了几天后，到了吉林。敌人勾结警察冲进马骏的家，准备抓捕、暗杀，结果扑了个空。

这次反对成立木材公司的斗争，沉重地打击了宁安反动势力的气焰，使人民群众认识到了斗争力量的强大。这是宁安人民在马骏的组织下取得的重要胜利，揭开了宁安人民斗争的序幕。马骏也在家乡播下了我党革命的火种。

毓文中学的训育主任

1924 年 9 月，马骏离开了宁安来到省城吉林市，应聘到吉林毓文中学任英文教员兼训育主任。吉林毓文中学是一所具有光荣革命传统的学校，也是马克思主义传播的重要基地。

20 世纪初，中华民族灾难深重，深受三座大山的压迫，人民生活在水深火热之中。1917 年，从天津南开学校毕业的吉林籍爱国青年韩梓飏、李光汉[①]、张云责[②]等人，为泽乡救国，决定创办学校。

---

① 李光汉（1890—1936），名铭勋，吉林榆树县恩育乡永立屯人。1907 年就读于天津南开学校。1911 年考入北平大学。1935 年，任吉林省反满抗日救国会会长。1935 年，因帮助抗日人员逃脱而被逮捕，1936 年 6 月 11 日含恨而死。

② 张云责（1891—1931），原名张清岱，吉林榆树人。在《大东日报》任主笔，使其成为公开传播马克思主义的主要阵地。1928 年做了张学良的贴身秘书。1931 年 2 月，任石友三十三路军总指挥部的秘书长。1931 年被石友三杀害。

著名教育家张伯苓，得知自己的学生也要投身教育救国改变家乡面貌大业，十分兴奋，于 1916 年冬来到银装素裹的江城吉林帮助建校，并建议取“毓文”做校名。

第一任校长韩梓飏引用《孟子》一书中的“达材成德”作为校训。后来，校训又进一步完善为“敦品修学，达材成德”，“敦品”和“成德”永远是第一位的。有了好的品德，才能学有方向、学有动力，才能成为对国家、民族有用的栋梁之材。可以说，毓文中学创立初始，就与中华民族的前途命运紧紧地联系在一起，从校训中就能充分体现出品学双修、德才兼备、为国家培养有用之才的办学理念。

1917 年 3 月 1 日，吉林私立毓文中学正式开学。1920 年，学校选定马克思的诞生日 5 月 5 日作为校庆纪念日，每年这一天，都借举行校庆宣传马克思主义。这在当时是一件了不起的大事。毓文中学是私立学校，不受军阀政府教育制度的束缚，因而这里成了具有先进思想的知识分子荟萃的地方。“毓秀钟灵文明乎地，中材上士学殖其人”的毓文中学一向以思想新、人物新、教材新、方法新著称于吉林省教育界，打破了传统的封闭式教学方式，注意培养学生的自治能力，引导学生积极参加社会实践活动，在吉林教育界树立起一面旗帜，被誉为“吉林的南开”。其教学质量堪称吉林省一流，“校誉卓著，蜚声东北”，曾吸引着许多革命者和进步人士来此活动。赵尚志曾在此学习，革命家和学者郭沫若、楚图南、尚钺，包括马骏等在此执鞭就教。许多乡绅慕名为毓文中学捐款，资助办学经费。

校长韩梓飏就是马骏在天津南开学校时的同学，教导主任李光汉也是马骏的同学，这些关系都为马骏在这里开展地下工作提供了方便。

“为纪念王希天烈士，抗议日本反动政府的暴行，留日中华劳动同胞共济会决定在吉林开办纪念医院，并责成孙宗尧回吉林具体办理。孙回到吉林后，住进毓文中学，将王希天牺牲的情况和开办纪念医院的事情向马骏汇报。马骏与孙宗尧商定，以吉林教育界为中心，以青年学生为对象，积极筹备和开展纪念王希天、抗议日本特务暴行的活动。由于马骏在吉林开展工作，宣传马列主义，在很多知识分子和青年学生中，播下了反帝爱国的革命火种，纪念王希天的活动获得了广泛的支持，很快在吉林市尚议街正式创办了一所有纪念意义的医院——希天医院，给日本刽子手以有力的回击。”①

1919 年 5 月 5 日，毓文中学学生自治会在李光汉和张云责老师的指导下编辑出版了校刊《毓文周刊》，在发刊词中明确提出办刊宗旨为“扶导社会”“研究真理”。《毓文周刊》是宣传五四爱国运动、传播新思想和新文化的主要阵地之一，在军阀的黑暗统治下，敢于对封建的旧制度进行口诛笔伐，为新文化运动在吉林的开展吹响了战斗号角，成为一面光辉的旗帜。

早在天津读书时，马骏就与毓文中学的师生建立了密切关系。毓文中学对历届校友和教师关怀备至并向他们敞开大门，因此该校师生关系和睦。马骏每当寒暑假探亲路过，必在毓文中学停留，把毓文中学当成

---

① 中共北京市朝阳区委宣传部：《马骏纪念文集》，北京广播学院出版社 1995 年版，第 107 页。

自己家一样。这里的老师和同学对马骏也非常熟悉，尤其是对他在五四运动中“马天安”的事迹极为钦佩。

马骏来到毓文中学任教后，不仅教学认真、态度和蔼、平易近人，还与学生同吃、同住、同娱乐，特殊辅导学习差的学生，帮助生活困难的学生。在学生眼中，他博学多识、阳光帅气、亦师亦友，所以更为全校师生所喜爱和信任。不久，他被推选兼任舍监和训育主任，负责学生生活和指导学生身心向好的方面发展。这个职位不仅有利于他广泛地接触广大师生，而且更便于他开展革命工作。

马骏没有把教师职业作为谋生的手段，而是为了更好地开展革命工作和为开展党的工作做掩护。他在毓文中学义务任教，不领薪水，只领饭费。

当时，社会上盛行无政府主义思潮，毓文中学也不例外。为了把学生的思想引上正确的轨道，马骏可以说是呕心沥血。毓文中学的图书馆里藏有大批进步的报刊和书籍，马骏积极引导学生阅读这些进步书刊，他也自己拿钱买书给大家看，秘密组织读书会，还常把进步师生带到风景秀丽的龙潭山和吉林北山等处，借饱览“天下第一江山”之机，以景喻情，激发人们的爱国之心，抒发家国情怀。马骏不仅把党、团刊物《向导》《中国青年》等推荐给学生阅读，还将北大的《新潮》、上海的《时事新报》副刊《学灯》、北京《晨报》副刊《晨报副镌》、《民国日报》副刊《觉悟》以及北大校刊等宣传新文化的报刊介绍给学生学习、传阅。与此同时，马骏将《创造》杂志及章太炎、蔡元培、李大钊、陈独秀、鲁迅等人的著作也传入吉林，并在社会上很快流传开来。这些进步书刊，使学生受到了共产主义思想的启蒙教育，大大开阔了学生的眼界，广大师生被进步书刊思想所深深吸引，竞相传阅，接受新知。毓文中学把“雪夜闭门读禁书”当成一种时尚和潮流，从中汲取革命营养。毓文师生一致赞扬马骏：“介绍新书，热心教学，不遗余力。”马骏还向大家讲述十月革命和马列主义以及五四运动的革命故事和成果。读革命书籍在吉林文化界产生了巨大影响，打破了以往读死书、死读书的沉闷空气。马骏创立的读书会，后来在公立学校也流行开来。

马骏还亲自动手写书。当年毓文中学的书店内就摆放着他写的进步书籍——《狱中地》。

在马骏的宣传引导下，革命书籍很快取代了曾在毓文中学流传的《红玫瑰》《礼拜六》等言情小说及一些宣传无政府主义思潮的书籍。

马骏后来把每周一次的修身课（思想品德教育课）改为周末讲演会。马骏的讲演，总是内容新颖、语言精辟、寓意深刻，深入分析中国被日本帝国主义瓜分的形势，树立中国人民最终会赶走帝国主义的信心。他通过结合讲课讲演，深深启迪了学生们的爱国思想，深受学生们欢迎。讲演经常超时，大家却仍有秩序地听讲而不肯离去。除自己讲演外，他还动员学生在讲演会上交流读书心得、评论时事政治、抒发爱国激情，使周末讲演会成为对学生进行革命教育的重要课堂。马骏还经常邀请吉林一中、吉林女子师范、吉林女中等校的学生到毓文参加讲演会，或亲自去各学校讲演。1925 年 5 月 1 日，马骏应邀在吉林工科学校纪念五一国际劳动节的全校师生大会上，以《俄国十月革命的意义》为题，介绍俄国布尔什维克党领导无产阶级取得革命胜利的经验，使全校师生耳目一新，一时轰动省城。马骏还经常到北山、清真寺等地召集汉、回族青年开茶话会，畅谈国内外大事，启发他们的斗争觉悟，为日后吉林的青年学生开展运动和走上革命道路播下了火种。

马骏在毓文中学不仅利用《毓文周刊》这个舆论阵地发表文章，宣传、教育全校师生，还将南开学校的《一元钱》《英雄与美人》《孔雀东南飞》等进步剧本介绍给学生剧团，组织学生演出，并在其中扮演角色，激发学生的革命热情。针对当时军阀混战的现实，马骏还和学生同台出演了自编新剧《闺里月》。剧中的“可怜无定河边骨，犹是春闺梦里人”等句，取材唐诗，用西汉抗击匈奴的历史题材，讲述打仗时，出征人在战场上死去，老母和妻儿在家中仍思念出征人的悲惨情景。马骏扮演的老夫人角色形象逼真，少妇则由毓文学生来扮演。马骏在剧中哭得真切动人，以致台下有些看剧的观众也因自己的亲人为军阀混战征人而失声落泪。那时条件很差，没有灯光、布景和道具，可是它以情动人、以声感人，丝毫不影响演出效果。这些新剧借古讽今、反对军阀战争的内容，无情地揭露和鞭挞了封建制度的丑恶和现实社会的黑暗。广大学生仿佛融入戏剧中，更加认清了帝国主义和封建主义的丑恶面目。这种冲破“师道尊严”的师生同台演出，在当时的吉林“开创了省城演文明戏的先河”[①]。

由于马骏的革命活动，学生的革命思想得以进步和提高，革命倾向明显，吉林学界的面貌也焕然一新。在此基础上，马骏便开始着手组

① 中共吉林省委党史研究室：《中国共产党吉林历史》第一卷，吉林人民出版社 2005 年版，第 42 页。

织和成立“毓文中学学生会”，一并为学生会的工作指明方向。其中规定了两项任务：一为学生互助；二为反帝反军阀的堡垒。接着，他以毓文中学学生会为骨干，改组了“吉林全省学生联合会”，从而使新的“学联”成为领导吉林学生运动的核心，为吉林的反帝爱国斗争培养出一大批青年骨干，并在其中发展了一批党、团员。

吉林“沪案”后援总指挥

1925年5月15日，上海内外棉七厂日本资本家枪杀中国工人顾正红，激起工人反抗，举行罢工斗争。5月30日，为援助工人的罢工斗争，上海2000多名学生在公共租界散发传单，聚众演讲，举行反帝示威游行，又有100多人被捕。愤怒的群众到南京路老闸捕房要求放人，英国巡捕突然向群众开枪射击，制造了震惊中外的五卅惨案，也称“沪案”。事件爆发后，在党中央的领导下，上海20万工人开展罢工运动，随即得到全国响应，五卅运动全面爆发。

五卅惨案的消息传到吉林，吉林人民蓄积已久的仇恨怒火被瞬时点燃。五卅惨案以前，吉林人民长期受到帝国主义和封建军阀的残酷统治，日本帝国主义积极推行所谓“大陆政策”，妄图通过长大（长春—

大连）、吉会（吉林—朝鲜的会宁）两路和大连、清津两港，把吉林变为实现其“两港”“两线”计划的前沿阵地，妄想把吉长铁路延长到会宁，中间连接韩国铁路而达日本海。“吉会间路线，由于日本海有对岛、清津两海峡扼守着，非常安全，由此可以从满洲安全地输入军需物资”[①]，以达迅速侵略东北，进而实现变中国为殖民地的罪恶目的。所以，这里的日本殖民程度较深。自日俄战争后，日本帝国主义就把侵略的魔爪伸向吉林，在这里筑路、开矿、设厂、增兵，极大程度地控制了吉林政治、经济、文化诸多方面。吉林人民的仇恨和反抗情绪由此与日俱增。当五卅惨案的消息传来，吉林声援“沪案”的斗争如同火山爆发。

马骏作为在东北进行秘密活动的共产党员，第一个带领师生开始组织吉林声援运动。马骏在吉林从事革命活动已经有一定基础，革命的火种已经播撒在这片黑土地上，所以吉林的“沪案”后援活动开展得很顺利。

6 月 1 日，省立一师、一中、毓文中学、省立女师、女中和省立五中等学校的学生纷纷举行罢课。面对全市学生高昂的爱国激情，马骏决定趁此时机，推动学生运动向纵深发展，全力支持上海的反帝斗争，掀起全省的反帝爱国运动。他牵头召集各校学生代表聚会，商讨成立全市学生的统一组织机构，以领导全省学生的反帝爱国运动扩大斗争影响。

6 月 7 日，马骏联合省城各群众团体，以“吉林爱国六人团”的名

① 吉林省社会科学院编：《满铁史资料》第二卷，中华书局 1979 年版，第 513—515 页。

义发表宣言，谴责英、日帝国主义制造五卅惨案的血腥暴行。同时成立吉林省学生联合会，推举省立一师学生傅哲为会长，省立女中学生韩桂琴、李毅为副会长，并派毓文中学学生隋任民（隋秉权）联络哈尔滨、长春等地的学生组织，联合采取行动，举行罢课、游行示威及讲演等活动。在学生运动的影响推动下，吉林省声援五卅运动的斗争由学校扩展到社会各界。

6月8日晚，马骏召集吉林各学校的代表在教育会馆小礼堂集会，商讨全市的统一行动和斗争方向。

6月9日，省城各校学生代表在江南农事试验场召开会议，成立吉林学生“沪案”后援会，并向全国各省群众团体发出通电，声援上海的五卅运动。同日下午，省城各校教职员代表在省议会集会，成立吉林教育界“沪案”后援会，公推马骏为会长，省立一师教务主任张寿昌为副会长，并决定举行集会、游行、讲演、募捐和抵制日货等活动，同时通电全国，声援上海的反帝爱国斗争。

6月10日，吉林学生“沪案”后援会组织省立一师、一中、女师、女中、毓文等学校学生和吉林县立中学、吉林法政专门学校学生共4000多人，举行大规模示威游行。游行队伍在马骏的指挥下，由插着彩旗的数十辆自行车为先导，后面是排列整齐的学生队伍。每个学生都手执小旗，上书“英日惨无人道”“收回领事裁判权”“抵制英日输入货物”等口号，学生们群情激愤，“气概雄壮，秩序不紊”[①]。

① 《泰东日报》1925年6月17日。

6月11日，马骏又带领各校学生在公共运动场集合，然后分组出发。各校学生遍布全市，每隔一二百米就设一个讲演点。学生们情绪高涨，顶风冒雨到各指定地点进行宣传讲演。群众不顾冷雨淋衣驻足听讲，越聚越多直到活动结束才散去。同日，吉林人力车工人和日资火柴公司的中国工人也举行罢工，支援上海工人的反帝斗争。游行队伍包围了省议会、省公署，要求政府表态，支援上海人民的斗争。马骏的杰出组织才能，引起了政府的恐慌和关注。当他们知道这次游行的总指挥，就是当年“五四”时期的学生领袖时，认定马骏是“赤化运动的元凶”。当局迫于群众游行队伍人数多、气势高，没敢对游行队伍下手抓人和镇压。当天晚上，马骏召集后援会开会，当即做出了10项决议：“（一）省教育会为本会事务所；（二）通过第二次宣言、商量募捐；（三）向各县团体发出通知，要求联合起来，共同行动；（四）决定本会与省议会、工务会、农务会、教育会、律师会、总商会等联合起来，于14日召开市民大会；（五）举行遇难者追悼大会，于各街道张贴传单和漫画；（六）动员尚未加入本会的教职员入会；（七）预定发行不定期刊物《奋斗》500份，送往各地以做宣传鼓动；（八）委托各报进行宣传；（九）借用省教育会附属讲演所；（十）12日午后7时继续开会。”10项决议高度凸显了马骏的领导、组织才能和对斗争局势的把控能力。

6月13日，吉林教育界“沪案”后援会、商会、农会、工会、基督教救国会、国民党吉林支部、吉林县农会等10多个团体及律师、学生、医生等各界百余名代表召开联席会议，商定于第二天召开市民哀悼大会，推举马骏为大会总指挥。反动当局闻悉，极度恐惧不安，“熙参谋长与郑政务厅长特将此次运动的领导人马天安请到公署殷切加以警告”[①]。马骏岂能听此“警告”，当场批驳了他们的谬论。反动当局在群众压力下和马骏寓情于理的感化中，不得不同意了“沪案”后援会的行动。

6月14日，吉林“沪案”后援活动进入了高潮。这天，省城吉林各校师生、各人民团体、爱国人士、市民和长春、哈尔滨等地的代表1万多人，怀着悲愤的心情，在预定的时间来到丹桂茶园剧场集会。剧场根本容纳不下这么多凭吊者，很多人不得不站在场外。在丹桂茶园大门外，大家用白布扎成牌楼，上书“哀悼大会”四个大字，会场布置得庄严、肃穆，正面主席台上设有祭坛，四周挂了无数条标语和挽联，场面隆重悲壮。省立第二师范学校学生韩守本代表长春学生“沪案”后援会出席大会。

上午10时，哀悼大会在马骏的主持下，正式开始。马骏首先发言，愤怒声讨英、日两国军队残杀上海同胞的罪行。他说：“今天除对死者追悼外，同时在这里召开市民大会。这里对外表达我国民之意志，对内唤起一般社会之注意。从来我国外交的失败，都是由于人民对国家大事漠不关心。因此，外侮日益加深，为了促使政府以强硬态度对外进行交涉，则我人民必须努力为之后援。”[②]讲话充分表达了“外御人侮、内唤人心”的爱国思想。接着，学生、工人等各界代表也纷纷发言。马骏义正词严地向军阀政府提出10项要求：判处凶手英国巡捕死刑；撤出

① 下亩荣吉：《吉林学生运动今昔》（日文版）。
② 下亩荣吉：《吉林学生运动今昔》（日文版）。

上海英日领事并给予处分；英日两国登陆部队必须撤退；取消领事裁判权；优恤死亡同胞；收回租界地；取消不平等条约；以后此类暴行保证不再发生；赔偿损失；向我国政府正式道歉。这 10 项要求，长了中国人民之气，灭了帝国主义之威。大会通电略称：“上海英捕惨杀徒手工人、学生之事，调集兵舰，如临大敌，惨无人道，举国惊骇，似此横暴，人道何在？公理何在……若不急谋抵抗之法，何堪设想！敝省会除电政府严重交涉外，各团体之联合一气，协力进行，为外交后盾，至我所要求各款不达目的不止。”[①] 宣读通电后，在哀乐声中举行追悼仪式，向五卅惨案中死难同胞的英灵默哀鞠躬，宣读祭文，在场人员无不动容。接着，马骏宣布市民大会游行开始。在他的指挥下，以省议会各团体的旗帜为先导，各团体代表、教职员和学生几千人的队伍进行示威游行。为了免遭军警毒手，马骏当场剃掉胡子，和游行队伍一起走出了会场。群众高呼“为我上海死难同胞复仇”“与英日经济绝交”“收回领事裁判权”等口号，冒雨示威游行并大量散发传单扩大影响。游行队伍由丹桂茶园出发，进福绥门，经德胜门、北大街、牛马行、尚义街、粮米行大街，出新开门，经省议会进入商埠地。当游行队伍经过日本驻吉林领事馆时，围观群众挤满了大街。群众胸中久积的愤怒与游行队伍一同爆发出来，“打倒帝国主义”的口号声震天动地。昔日气焰嚣张的日本“黑帽子”（警察）吓得躲进大门里不敢出来。到公共运动场后，马骏还组织各校学生分别到运动场、河南街、德胜门、锦城坊、火车站、庆升茶

---

① 《盛京时报》1925 年 6 月 18 日。

园、斯美茶园等处开展讲演募捐活动。最后，游行队伍来到吉林省长公署，强烈要求军政两署向北京政府转达民意，向英、日政府进行彻底交涉，以告慰英灵、维护国权。

6月16日晚，“沪案”后援会在省教育会开会，马骏、张乃仁主持，商量为华工募集义捐和与日经济绝交问题。会议决定：教育界同人，以月薪50元上下为界，分别捐助义金5%—10%，其他各界和省议会联合进行。募集形式多样，人们踊跃参与，贡献一份爱国力量。他们同时组织讲演、演戏、舞会，结合庙会、端午节等民间传统节日组织各种活动。

6月18日，农历四月二十八，传统“北山庙会”。“沪案”后援会利用庙会之机组织募捐。这天，省城各界的爱国群众和青年学生早早起来，马骏亲率毓文中学、省立一中等校讲演团，分兵几路，在通往北山庙会沿途的山上山下，向游人宣讲“沪案”的经过。学生们的讲演情真意切，游人无不为之动容，纷纷向捐款的大笸箩里扔钱。据当时《盛京时报》载：“教育界后援会同仁募捐款万余吊，一中学生募捐得两万吊，毓文学生募得万吊左右，省模范学校募得万余吊，总计募得五万余吊，合现大洋三百余元。”[①]马骏用个小本子记下募捐的钱数，然后通过大东日报社寄往上海。《大东日报》是1915年由长春巨商史敬齐等人创办，“以发挥正确舆论”为宗旨，内容多是转载全国各大报纸的新闻，也刊载地方新闻及揭露日本帝国主义侵略东北和封建军阀丑行的杂文，在社会上很有进步影响。1921年后，爱国知识分子、马骏南开好

---

① 《盛京时报》1925年6月23日。

友张云责担任《大东日报》总编辑兼社长。马骏曾与他一起积极传播新文化思想、宣传马列主义，并在文章中赞扬列宁道："列宁之为人，其思想，其丰功""绝非一乡之善士、一国之伟人所可等量齐观"，号召青年把反抗帝国主义的共识变为实际行动，打击日本的嚣张气焰。日本侵略者对《大东日报》恨之入骨，称之为"长春排日动力"。《大东日报》成为长春学生声援五卅运动的后盾。后来，张云责被军阀石友三活埋，但丝毫没影响报社的声援和募捐活动。

吉林省城这次规模空前的集会游行，极大地振奋了民族精神。这次活动表明，中国共产党领导下的吉林声援五卅反帝爱国斗争已进入了新的阶段，进一步激发了广大群众的革命热情，推动了全省的革命运动，并取得空前的成果。

为配合斗争，扩大反帝宣传，各校的《"沪案"专刊》也积极采取评论、记述、活报剧、讽刺短文和诗歌等多种形式，抨击帝国主义的血腥罪行，激励人民的革命斗志。尤其是毓文中学的《"沪案"专刊》，在斗争中更是起了极为重要的作用。

正当吉林各界人民声援上海工人的斗争日益高涨之际，因害怕群众斗争引起日本过激反应，带来外交上的"被动"，吉林军政两署于6月18日和27日接连发出两次通令，扬言要镇压群众的声援活动。吉林省教育厅按照省署命令，于6月21日，以"气候异常炎热"为借口，令省内各地大、中学校提前放假，以此破坏学生有组织的爱国运动。长春反动当局立即执行教育厅的这一命令，于22日凌晨，派出军警几百人，包围了大东日报社，强行解散学生后援会，赶走学生干部，"警告"大东日报社不许支持学生。与此同时，派军警分赴各校，把守大门，不许学生出校。然后，强令各校宣布停止期考，即日放暑假，并要求学生两日内离校。然而，令反动当局意想不到的是，在马骏等共产党人的领导下，声援五卅运动却由城市转入农村，使吉林省的农村了解到全国反帝反封建的斗争形势，扩大了党在农村的影响。

规模空前的反帝爱国斗争在吉林全省范围内迅猛发展，使依靠日本帝国主义势力的封建军阀“东北王”张作霖万分惊恐，急电吉林，立即将运动领导人“首级解奉”。

张作霖致吉林省长公署电文内容如下：

> 本帅三千皮鞘，两千健儿，制关内则不足，打吉林则有余。不知马（马骏）、李（李毅）、韩（韩幽桐）、傅（傅哲）、张（张乃仁）、何（何霭仁）何许人也？急速将首级解奉。

接到电文后，吉林反动当局一面阴谋逮捕马骏，一面以气候异常炎热为借口，通令省城各校提前半月放暑假，妄图以遣散学生来瓦解革命力量，涣散群众组织，扼杀日益高涨的革命运动。

在一片白色恐怖下，马骏临危不惧，并未退缩，继续领导运动向深度和广度发展。他号召广大学生把“沪案”后援斗争的火种传到农村、带回乡里继续斗争。

暑假伊始，学生们即有组织地返回家乡，坚持斗争。马骏和教员何霭仁率领学生李乃庚、隋任民来到人口密集的文化古镇乌拉街讲演。

1983年，李乃庚先生在采访中说："从吉林坐火车到九站，从九站坐江船，顺江而下，先到乌拉街，到这儿就是站站脚，住一两天，在一所小学校里住的，并没有搞募捐活动。从乌拉街到缸窑去是坐大车去的，从东南牌楼进去的，搞募捐讲话，都是马天安和何霭仁。"

他们在乌拉街活动5天后，又坐着牛车前往工人比较集中的缸窑镇。他们挨家挨户去宣传募捐。时值初夏，他们冒着倾盆大雨，高唱《国际歌》，在乡间泥泞的道路上行进，雄壮的歌声使他们忘记了眼前的一切困难，憧憬着革命胜利后的美好生活……马骏主要负责组织和演讲，其他人负责散发宣传品、接受捐款等事务性工作。马骏的讲演深深地感染了缸窑的群众、集镇上的商人和农村中的广大农民，特别是乡间的青年学生，主动协助他们搞宣传，使募捐活动顺利展开。十几天后，他们带着从乌拉街、缸窑两地募集来的满满一麻袋捐款踏上归途。由于十几天来日夜操劳，疲惫不堪，他们居然坐在颠簸的牛车上睡着了。车过一个陡坡时，把马骏他们全部颠到车下，幸好土软，没有伤人，但弄得满身尘土。他们哈哈大笑一阵之后，又重新上车继续赶路。马骏说："农民拿出这些钱已经很不容易了，我们搞募捐不是主要目的，只要拿一分钱就可以，我们的目的是达到宣传的效果。"回到吉林后，他们将所募捐的款项全部寄往上海。

马骏在这一时期像一部上紧发条的机器，不知疲倦地连轴转。吉林的"沪案"后援活动，在马骏的组织下开展得有声有色，从工人、学生运动开始，迅速掀起了全民族的反帝爱国声浪，就连基督教、长老会等宗教界人士也参加了声援和募捐活动。旅吉英国牧师惠彰德曾发表宣言，要求爱尔兰教会向国会请愿，促英政府公正解决“沪案”。资料记载，张学良、郭松龄及其夫人、时任吉林省省长王树翰等人也都参加了义捐。

马骏领导的吉林“沪案”后援反帝爱国斗争，是全国反帝爱国运动的一部分，如同星星之火，从当时的省城吉林市迅速波及长春、四平、辽源、怀德、梨树、柳河、延吉、双阳、公主岭、郑家屯、伊通、磐石、永吉、双辽、开通、样子哨、四洮路、辉南和当时吉林省所属的哈尔滨、宁安、双城、一面坡、依兰、呼兰、阿什河等30多个大小城镇，在全省各地形成燎原之势。这是吉林省在中国共产党领导下开展的第一次有组织、有计划、规模空前的群众反帝爱国运动，它揭开了吉林革命历史的新篇章。马骏作为吉林声援“沪案”的后援总指挥，始终站在这场斗争的最前列，彰显了共产党人的精神。

这场斗争沉重地打击了帝国主义的嚣张气焰和奉系军阀的黑暗统治，极大地唤醒了全民族的反帝爱国热情。很多优秀青年得到锻炼，党的积极分子经受住了考验，为吉林省建立党、团组织奠定了思想基础和组织基础。

中国共产党在吉林省建立组织以前，首先成立了共青团组织。据1926年中国共产主义青年团文件《北方区十、十一月工作总结报告》和《学生运动调查统计表》记载：吉林省第一个共青团组织的名称为吉林特支，成立于1925年11月，有团员3名，全是学生。这3名团员是由共产党员马骏代为发展的，他们是吉林私立毓文中学学生隋任民、省立第一中学学生马骥（马骅，马骏的弟弟）和省立女子中学学生韩桂琴。之后，马骏把这个团支部及成员，上报给共青团北方区（北京）委员会及至团中央。当时，活动在吉林省的共产党员和共青团员最早由中共北京地委（北京地方执委会、北京区委、北方区委）领导。1926年春，中共北满地委和共青团北满地委在哈尔滨成立后，长春、吉林的党团组织由北满党、团组织直接领导。

张作霖为镇压轰轰烈烈的反帝运动，电示吉林省长公署，务必除掉马骏等领导人。敌人来到宁安搜捕马骏未果，便审问马骏夫人杨秀蓉。杨秀蓉机智地回答说马骏和她吵架走的，不知道去了哪儿。敌人万般无奈，便唆使土匪绑架了马骏的父亲马喜贵老人，想以此诱捕马骏。马骏的哥哥坚持一定让马骏替换父亲，表示今天家里这种境况，都是由马骏造成的，马骏这是最大的“不孝”。马骏自己也要出面营救老人，但除了哥哥，全家人都劝马骏千万不要上敌人的当。就在这年底，马骏家中收到一件包裹，人们打开一看，里面包着一只耳朵和一双棉鞋，是马喜贵的。家人明白，父亲被敌人杀害了。马喜贵是在为儿子开辟秘密联络点的过程中被抓的。马喜贵不是共产党员，只是一名普通的商人，但他也是一个正直不屈的中国人！他凭着自己的经济实力，足以让自己的儿子过上不愁吃穿的平静生活,可他为什么敢于把两个儿子送到救国前线，从事随时可能失去生命的斗争？他把对祖国的热爱，对新中国的期盼，寄托在两个儿子身上，寄托在下一代的身上，他宁可舍去自己的小家，而换取国家的平安和人民的幸福，为此他在所不辞！

在这种严峻形势下，中共中央决定调马骏离开吉林，派他去莫斯科中山大学学习。马骏怀着丧父之痛，从此告别生他养他并战斗过的吉林大地，踏上了新的革命征程。

莫斯科留学

莫斯科中山大学，是一所20世纪20年代由苏联出资创办的中国学校，为当时国共合作的中国大革命培养政治理论骨干和革命人才的特殊学校。

以1924年1月国民党一大召开为标志的第一次国共合作实现以后，革命热情空前高涨。1925年3月，孙中山在北京逝世。“革命尚未成功，同志仍须努力。”当时革命的军事力量和政治骨干都显得十分缺乏，必须进行充分准备才有革命胜利的保障。

为继承孙中山的革命遗志，继续支持中国革命，1925年10月7日，共产国际驻中国代表、国民政府首席政治顾问鲍罗廷，在国民党中央政治会议第26次会议上，宣布了苏联政府的一项重大决定：在莫斯科创办一所大学，以孙中山名字命名。莫斯科中山大学成立时的全称是“中国孙逸仙劳动大学”，习惯上被称为“莫斯科中山大学”或“中大”，简称为“中山大学”，也有人称其为“劳动大学”或“孙文大学”。为帮助中国革命培养急需的革命者，中山大学正式成立。随后，国民党中央执行委员会立即成立以鲍罗廷为顾问，由汪精卫、谭延闿、古应芬组成的选拔委员会，重点在广州、上海、北京、天津、武汉等地通过考试选拔学生。

中山大学成立之前，大部分中国学生出国深造主要去欧洲。在他们心目中，俄国是一个落后国家。十月革命后，进步的中国青年开始关注苏俄，苏联东方大学专门招收亚洲各国学生。由于北洋政府的阻挠，当时去东方大学留学的中国学生为数不多。

留学欧美，带回的是科学与民主；留学苏联，带回的是一个救国纲领。孙中山三大纲领第一条即“联俄联共”。在中国共产党的倡导下学生留学苏联急剧升温，苏联成为有志青年向往的地方。

大批青年踊跃投考，积极争取去苏俄学习，一些国民党要人也把自己的子女送往中山大学。如蒋介石的儿子蒋经国、冯玉祥的儿子冯洪国等。

参加考试的或者表现突出的共产党员和共青团员，经个人申请、家庭同意、组织审查几道环节，最后由党组织确定名单。

“中山大学在广州的第一次招生，国民党政治委员会录取的147名，就是从1030名考生中考取的。”[①]这些学生中，除这147名以外，其余学生几乎都是由中国共产党的党组织从各地秘密选派的。这些选派的学生，大多数是共产党员或共青团员。学生中有的是在黄埔军校学习未满即赴苏联，严重冲击了蒋介石苦心经营的黄埔军校。

鲍罗廷曾在广州欢送赴中山大学学生的集会上，阐述过中山大学创设之目的：“孙文大学的目的是什么呢？他们要使一般学生了解中山先生的主义，去继续中山先生的工作，以完成中国的国民革命。将来在此校卒业之学生，可以代替在帝国主义的学校受过教育的留学生，担任改造中国的社会。现在许多留学生均不知道改造中国的方法，他日诸君由俄国回来，可用革命的方法，来解决中国问题，只有革命的方法可以解决。”中共早期入中山大学学习的革命者包括林伯渠、董必武、吴玉章、叶剑英、博古、王稼祥等，邓小平也是由旅欧支部选派去的学生。

1925年秋，经李大钊推荐，马骏与他的弟弟马骅报考了中山大学。他们在“五四”时期的战友韩麟符资助下进入该校，成为中山大学第一批学员。马骏告别了吉林人民，在北京逗留两日后，于9月14日起程去上海集中。10月间，马骏同全体留学苏联人员一道乘苏轮北渡，经海参崴改乘火车，于1925年10月到达莫斯科。根据第一期学生中第二批到莫斯科大学的王明（当时叫陈绍禹）回忆：“1925年11月，到底哪一天，我已记不清楚了，总是15日到20日左右吧，约莫夜间12

① 曹仲彬、戴茂林：《莫斯科中山大学与王明》，黑龙江人民出版社1988年6月版，第21页。

点的光景，我们一行 50 多个人，在大雪纷飞中到了中山大学。走进校内二层楼上教务处附近时，遇着了比我们先到个把月的第一批学生当中的十几个同志。”那天同学们拖着疲惫的身体来到中山大学，正当大家互相握手点头打招呼的时候，一个操着一口北京口音的青年人对他们说道：“同志们，辛苦了！你们在船上车上坐了这样久，旅途劳顿，我帮你们收拾东西，好好休息一下。”这人便是马骏。马骏忙前跑后地替大家提箱子夹行李，带他们找寝室，安定床位。大家都是刚别过亲人来到异国他乡，遇上热情的同学，这让刚报到的同学倍感亲切，如在故里。他的热情，引起这些初到同学的好感。当大家休息好后，在一起交流，他和每个人都有说有笑，有谈不完的话题。说到五四运动和五卅事件时，他的面目间充满着对帝国主义的痛愤，同时，流露着中国青年参加反帝革命的自傲与自信。说到党派同志来莫斯科学习任务时，他用着郑重的态度谆谆地说：“我们大家要努力学习，好赶快回去干。”他讲话豪爽真诚打动人心，一口响亮纯熟、抑扬顿挫、音韵天然的北京话，深深影响着这批学生。

1925 年 11 月底，第一期学员全部到校，学校举行了隆重的开学典礼。苏联共产党中央派政治局委员特洛斯基专程到校致辞，勉励大家好好学习，将来回国搞好中国革命。学员们深受鼓舞，情绪十分高昂。

中山大学的前期（第一期和第二期）学制为两年。后期由于有大批工人出身的学生进入学校学习，他们的文化水平一般比较低，需要通过预备班首先学习语文、算术、常识、地理、历史等基础课程，所以从第三期开始，学制改为三年。由于学生绝大多数不懂俄语，而俄语教员又绝大多数不懂汉语，所以授课必须配备中文翻译进行。这样一来，一方面通过速成班来培养翻译人员，另一方面全体学生把俄语教学贯穿始终。在开始的半年时间，每周六学习俄语，每天上 4 个小时的课。中山大学采取的独特教学方法收到了很好的效果。在学习俄语时，最初是读《真理报》，重点学习发音；然后是阅读文艺作品；最后学习语法。这使一部分学生很快可以直接用俄语听基础课。

因为学校的主要任务是培养政治工作干部，学校开设的课程主要是中国革命运动史、世界通史（革命运动部分）、社会发展史、哲学（辩证唯物主义和历史唯物主义）、政治经济学（主要是学习《资本论》）、经济地理学、列宁主义（主要是学习斯大林的《论列宁主义基础》）以及俄语。同时，为了满足学员们回国后从事革命斗争的需要，还开设了军事课，讲授军事理论，进行军事训练。苏共和共产国际的领导同志也经常来讲课，传授俄国革命和国际共产主义运动的理论和经验。社会科学各门课程的讲授，一般都是先讲授大课（用俄语配中文翻译），然后根据学生在复习过程中提出的问题进行辅导，最后开讨论会，自由发言，由教授引导并做总结。这种教学方法受到同学们的欢迎，为日后这批学员成长为中国共产党的骨干成员打下坚实的政治理论基础。

在莫斯科城里有一座“中国城”，它是方圆约两公里的城中城，四周围筑有中国式的城墙、城垛。据记载这是 13 世纪元朝西侵时建立起来的。以后从中国来的人，也都聚居在这座城里（1925 年以后城墙被拆毁了）。一些从山东逃荒到这里的人，定居下来以后，娶了俄罗斯姑娘做妻子，开餐馆经营中国饭菜，叫中国餐馆。当时学校里发给每个人的卢布，抽烟的男同学大部分用来买烟抽了；爱漂亮的女同学，用它买花布做衣裳；生活困难的，就攒起来寄回国内。有些条件好的，既不抽烟也不需要接济家里的，就用来消费吃中国菜。在校园里，他们吃腻了牛奶、面包、牛排和烧土豆，来到中国人自己开的餐馆，“一闻那炒菜的香味，口水都差点流了出来。炒几个家乡的风味菜，喝点酒，吃两碗大米饭，别有一番滋味。每到这个时候，他们就想起了祖国，想起了故乡”[①]。这些开餐馆的山东老板，大部分人参加过苏联的国内战争和反对外国武装干涉苏联的战争，当过红军，可以说他们都有一些光荣的历史。一些条件好的同学吃完中国菜后，常常听他们讲苏联革命战争的战斗故事。这对马骏等学员丰富业余生活，适应环境，包括从底层了解苏联革命的经验有着深刻的意义。

① 彭哲愚：《青年时代的蒋经国》，光明日报出版社 1988 年 8 月版，第 19 页。

追求真理

能够来到日夜向往的“赤都”，寻求马克思列宁主义真理，探索中国革命的道路，是马骏多年的向往。他十分珍惜这次学习的机会，非常刻苦地钻研马列主义的基本原理，常常结合中国革命的现状与未来，和同学们展开认真热烈的讨论。

马骏革命斗争经历丰富，善于以充分的论据阐释主张，令人心悦诚服。当别人对某一问题认识不清时，他从不急躁，常说一句话：“我的看法也不一定对，大家都仔细想一下，要以真理为准绳。”他的多识谦和影响了同学们，所以同学们探讨某一问题时，都来找马骏。马骏也从不回避，阐明看法，以达到统一认识，常常顺便亲切地鼓励大家：“不要辜负党对我们的期望，努力学习，好赶快回去投身革命。”马骏本身

〉马骅在莫斯科中山大学
（孙逸仙大学）档案资料

就是刻苦认真学习的榜样，白天工作学习繁忙，耽误了一些时间，晚上熄灯后，他就在走廊暗淡的灯光下加班学习。

当时在苏联的留学生成分比较复杂，右派分子常常借各种机会攻击苏维埃政权，反对共产党。马骏立场坚定，刻苦钻研马列主义原理不动摇，团结同志，分化敌垒，组织力量，同各种反马克思主义潮流展开斗争。

学校根据学员文化程度的不同，分为 11 个班，每班 30 ~ 40 人不等。张闻天被编入第一班，左权在七班，伍修权、马骏在八班，马骅与朱瑞、蒋经国在十一班。开学后，他们便投入紧张的学习当中。同时，国共两党的学员们也开始了各自党团组织的活动。1925 年末，中国共产党为加强中山大学党的领导和组织建设，同国民党开展斗争，在中山大学成立了“旅莫中共支部”，由罗亦农任第一任书记统一开展活动。

学校对学员的要求极严格，不但要求学员参加各种活动，还要如实填写《党员批评计划案》《履历表》、自传等表格资料。针对当时国际和国内的形势，中山大学的学员们毕业后可能要从事秘密工作，所以学校对学生档案严格管理，对各种资料严格保密。校方不仅极少给学员照相，还给每位学生起了一个俄文名字。马骏叫“马尔赫列夫斯基”，学员证号码是 60 号。

1926 年 9 月初，中山大学的学生公社改选，马骏被推选为学生公社书记。这个岗位可谓优中选优、责任重大，需要全面了解掌握学生的思想工作和组织工作。马骏对同学总是那么热情诚恳、耐心帮助，从思想上到生活上无微不至。同学们有问题都愿找他来谈，马骏也借此机会把自己所学所见讲给大家。

中山大学党的组织叫支部局，相当于校党委。支部局书记由俄国人担任，委员大多数由中国人担任。中山大学学生的群众组织就是学生公社，相当于今天的校学生会。学生公社由一名主席和一名书记负责。学生公社下设俱乐部和互助会，组织音乐、排球、篮球、骑马、射箭、游泳、摄影、滑冰、跳舞活动等。每个学生每个月交 5 卢布给互助会，用以接济家庭生活困难的同学。学生公社还有一个出版委员会，出版学生生活杂志、周报，发至学员手中或贴在学校的公告墙上。学生公社也负责处理学生中的一些“违纪”事件。“一位女同学搞三角恋爱，学生公社开了三天审判会。”[①] 马骏在中山大学期间还参与发起组织了“莫

---

① 彭哲愚：《青年时代的蒋经国》，光明日报出版社 1988 年 8 月版，第 11 页。

斯科中山大学俱乐部”，经常组织大家开展各种文体活动，借机团结凝聚我党学员。

马骏对同志的态度暖如春风，而对敌对势力却是毫不留情，坚决斗争。中山大学学生中，并不都是马克思主义者和进步分子，也有一些右派国民党、托洛斯基主义者和其他投机分子。他们骨子里对苏联、共产国际、中国共产党极端怀疑和仇视，时常借各种机会、采用各种手段，来进行反对苏联、反对联共、反对共产国际和反对中国共产党的活动。形形色色的敌对分子相互勾结，形成势力集团。他们公然搅乱学生公社大会，你唱我和，散布反动论调。即便在生活中的一些小事上，他们也借题发挥，混淆黑白。至于秘密破坏、造谣生事、挑拨离间，他们就更是不遗余力。因此，不仅学生公社大会是公开激烈的政治斗争场，而且课堂里、寝室里、走廊上，到处都是政见不同的政治争论场。一些国际事变和中国问题等重大事件，更能成为列宁主义者与三民主义者、托洛斯基主义者争论的焦点，成为共产党员和左右派国民党员斗争的中心，成为斗争双方在政治问题和人生观问题上争论的导火索。

在莫斯科中山大学学习期间，马骏系统地学习了马列主义基本理论和国际共产主义运动的历史。在捍卫马列主义、捍卫我党的斗争宗旨中，更加显示出他超群的政治才干和组织才能。

马骏经过五四运动、五卅运动的洗礼，对不同政见者，他有一套成熟的斗争策略，尤其是他说话的煽动力和感染力，使听的人心悦诚服。正如王明所言：“他是一个热忱亲密的同志，是一个勇敢有为的干才，是一个天才的演说家，是一个善与人交往的朋友，是一个真情流露的人。”①

根据伍修权等人回忆，在中山大学，马骏、马骅兄弟俩非常活跃。马骅性格、信仰受马骏影响，与马骏相似，性格开朗，善于表达。一次研讨会讨论的是“三民主义能救中国，还是共产主义能救中国”的重大问题。学生辩论激烈，长达四小时，马骅发言立论“只有共产主义能够救中国”，说理透彻，折服人心，充分阐释了我党的主义、主张，给大家留下了深刻的印象。马骅回国后在北京从事报业工作。1937 年卢沟桥事变，日本帝国主义大举进攻中国，中国共产党提出“十大救国纲领”，马骅毅然将“十大救国纲领”在报纸上发表，遭到敌人追捕，于 1942 年前后牺牲。

在这场特殊形式的激烈战斗中，马骏一直表现出作为一个指挥员的睿智、敏捷和果敢。他不仅能够运用马列主义的原则立场和策略艺术，让马列主义和中国共产党的地位在中山大学占据优势，把自己的队伍组织起来，形成合力，同时又善于分化孤立敌人。凡是能够团结和争取的力量，他决不放过，扩大党的队伍。于是，只要敌人在哪里活动，马骏就用超强的能力让他们行动失败。他在学生公社全体大会上的每次演讲，都能使同志者心欢、使敌对者气馁。马骏在学生公社委员会中的每个提议，都能使人感觉到他的智力超群和目光远大。

---

① 陈绍禹：《纪念我们的回族烈士马骏同志》，收入中共牡丹江市委党史工作委员会、中共宁安县委党史工作办公室编：《革命烈士马骏》，1988 年内刊，第 6 页。

马克思主义民族观

马骏在苏联不仅系统地研究了苏联革命斗争的经验、教训，也将苏联的国情和中国的实际情况加以比较。因为自己是回族人，马骏特别注意对马克思列宁主义关于民族理论方面的学习，并开始研究中国的民族问题，形成了自己的认识。

他表示："正因为我是马克思列宁主义者，所以我也特别懂得宗教在人民中的深远影响和习惯力量。因此，我不但不对信仰任何宗教的人加以侮辱，而且相反，我总是尊重他们的信仰自由。我懂得而且深信：反对宗教破除迷信，绝不是简单的短时期的一回事……"

马骏总能这样，每当谈论的问题敏感时，随即激动起来，接下来便话锋急转。比如在谈到汉族和回族问题时，他认为："汉回关系，由于历来回族民众受汉族皇帝、官吏和军阀压迫剥削，由于历来汉回战争和各地汉回械斗，已经造成很大互不相信的根蒂。我自从深入社会与汉族民众接触以后，深深感觉到我们汉回两族民众之间，虽有宗教信仰的不同，但的确没有任何不能解除的恶怨。除此以外，最重要的，就是这几十年，我们中国的整个命运，都处在风雨飘摇的地位，无论汉、蒙、回、藏、满、苗等，都有变成亡国奴的危险，无论哪一族的大多数民众，都是逐渐走到失业破产和饥寒交迫的境地。要想救我们中国境内的各民族，只有各民族联合起来，一致反对帝国主义及其走狗，才有办法。否则大家互相争斗，结果同归于尽。我在中学时代，时常想这个问题，但是，我当时想不到解决回汉关系的方法。自从我研究俄国十月革命解决民族问题方法的书籍以后，自从我研究了一下马克思列宁主义以后，我便全明白了解决民族问题的真正途径。我认识了我们回族和汉族的将来命运，都取决在革命方面。我认识了只有共产党和苏维埃政权，才能真正彻底地解决民族问题，使各民族达到政治上、文化上、经济上的平等地位。因此，在五四运动以后，我便开始社会主义的运动，建立社会主义青年团体，而成立中国共产党的运动一开始时，我便热烈地欢迎和参加。”说到这里，大家都点头赞同，空气显得异常活跃。马骏的语气也趋向和缓，像拉家常似的又说：“现在我入党已经几年了，但我还是保持民族习惯，主要因为我要做一个回汉关系的调剂人，我要把回汉各民族团结在一面共同的革命旗帜之下。我是回族人，我特别懂得在回族民众中开展共产主义运动的困难，尤其是非回族人去进行这个运动的困难，因此，我愿留在回族内部去进行革命运动。同时，我虽是回族人，但我却没有任何狭隘的民族偏见，我对汉族人民抱有深刻的认识和同情。我相信回汉在共产党领导之下，一定能亲密合作、共同奋斗，所以我相信同志们也不会因为我保存习惯而把我看成外人。总而言之，我们汉回族民众和汉回同志们相互间的主要问题，不是习惯不同的问题，而是如何达到相互了解、相互相信和相互亲敬，以便走上共同革命和共同解放的道路。”

在这当中，马骏又追述了五四运动中和马良进行斗争的经验，如摘匾、请愿的生动事例，来印证他所提出的论点，这更使大家从心眼里信服。

最后，马骏以幽默的口吻结束了这场精彩的谈话，他说：“今天我向大家解释了我坚持回族习惯的原因,希望以后大家不要拿我当外人，回汉是一家。”话毕，全场响起一片掌声。

马骏富有说服力的讲话,深得在场同学们的赞赏。王明曾在他的《纪念我们的回族烈士马骏同志》一文中说：“马骏同志的这番议论，不仅对于我，而且对于当时听到的几十个同志，都留下了深刻的印象；他不仅提高了大家研究中国民族问题的兴趣，而且增加了大家解决中国民族问题的信心。”

民族团结的思想使马骏又掌握了在思想战线上如何去战胜和争取立场摇摆者，极大限度把他们争取过来的方法。他说：“思想战线上的斗争虽然看不见刀光剑影，实际上却更激烈更复杂。但是只要武器抓得紧、策略对头，就可以一次又一次地争取朋友、打垮敌人，因为真理永远是在我们这边的。”

临危受命的“美髯公”

1927年4月12日，蒋介石在上海发动四一二反革命政变，指使军队和流氓收缴工人纠察队的武装，捕杀工人和共产党员。蒋介石下令查封各种革命团体，大肆捕杀共产党员和革命人士。4月12日至15日，上海300多名共产党员和革命人士遭到杀害。北方的奉系军阀张作霖也在北京疯狂搜捕和杀害共产党人与革命群众。4月28日，中共北方党组织领导人、北方区委书记李大钊等20位共产党员和革命人士惨遭杀害。在南方，宁汉合流，无数革命者被捕被害，整个中国都处在白色恐怖中，轰轰烈烈的大革命惨遭镇压，北京的党组织遭到严重破坏。

在这危难之时，中共党组织秘密派马骏先期回国，和他一起回国的还有他的弟弟马骅。此时的北京城笼罩在白色恐怖下，形势异常严峻。

沧海横流方显英雄本色，马骏临危受命，在接到中共中央调令后，秘密回国。他先到武汉，后经上海、天津抵达北京，在血雨腥风中，就任中共北京临时市党部书记兼组织部长，负责恢复北京市党组织建设和日常工作。

马骏在大革命低潮时期，来到奉系军阀盘踞的京、津地区开展党的工作，犹如刀捅敌人心脏。为防“赤忠”，警厅举办冬防训练，专门培训警察和侦缉人员破坏党的工作。北京街上马队横行、汽车飞驰，商店禁售鞭炮，过年不许放鞭炮。学生都被编了花名册，侦缉人员随时入校缉查，连佛庙尼庵、东西南北郊外路口都有便衣盘查。报纸每天登载各地屠杀共产党人的消息。此刻在北京地区开展革命工作，环境可谓极其险恶，随时可能被捕牺牲。

马骏早年在京、津两地从事学生运动，名声很响，当地熟悉他的人特别多，这虽然有人地两熟的有利条件，却也增加了被暴露的危险。有许多密探是从杨以德到张作霖时代一直都干老本行的，马骏的面貌特征、举止习惯，他们都了如指掌。这更增加了马骏开展党的工作的危险性。

“风萧萧兮易水寒，壮士一去不复还。”马骏面对艰难险阻，却依旧坦然，坚定勇敢，“还是那样热情、乐观，显得更加坚强了”[①]。他途经武汉时，见到了“五四”时期的战友邓颖超。此次他在武汉只做

① 中共牡丹江市委党史工作委员会、中共宁安县委党史工作办公室：《革命烈士马骏》，黑龙江朝鲜民族出版社 1988 年版，第 4 页。

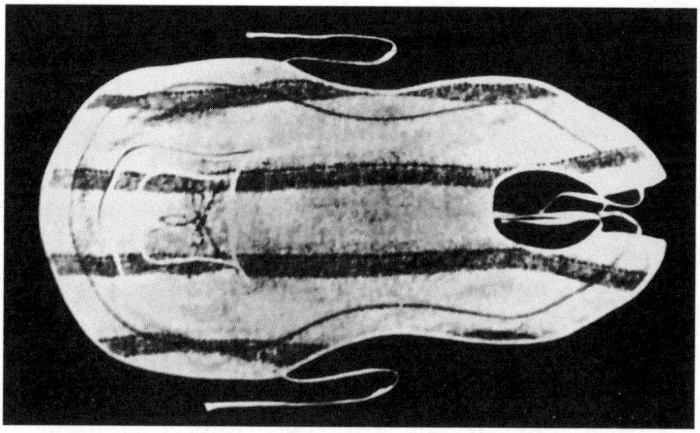

〉马骏寄给孩子的围嘴

短暂停留，进一步了解中国革命的现实情况后，即赴京上任。赴京前，邓颖超很为他担心，她说：“你在北京是个名人，知道你的人多，要时刻注意安全。”马骏笑着说：“知道我的人多好啊，一来可以更好地开展工作，二来保护我的人也多了。我知道北京的情况，李大钊先生为党牺牲了，我宁愿牺牲自己也要坚决完成任务。”

在途经上海时，马骏给日夜思念的家中孩子寄去了两个围嘴。在一个槐花吐着清香的夜晚，马骏神不知鬼不觉地来到离别数年的第二故乡、他的红色生命的摇篮——天津。

重返天津，他见到了很多“五四”时期的至交，战友们深为他此次北京赴任担心，劝阻他不要去北京。但马骏坚守组织纪律，坚定地回答：“党既然给了我任务，虽赴汤蹈火，也在所不辞，不应知难而退，只有多加谨慎而已。”[①]

马骏先是在一个靠得住的朋友家里落脚。朋友见他在这么危险的时候回来，不免有些惊讶，很为他担心。马骏却说：“正是在这个时候，党才需要我去工作；一个革命者如果怕危险，那还叫什么革命者？”此时，天津反动派军阀贯彻蒋介石“宁可错杀一千，不能放走一个”的反动政策，对于革命者的屠杀达到疯狂地步，马骏的工作环境实在是太险恶了。没过多久，奉系军阀便探知马骏已重回京津的消息，街上和交通要道上专为侦捕马骏的密探遍布京津。

面对这种凶险的环境，马骏觉得不宜久留。友人让他在家里隐蔽，等外面“太平”了再出去活动。马骏执意说：“这绝对不行，越是这个时候越是需要有人站出来，如果革命者都这样躲下去，那么革命的意义就没了。”说完坚决地走出了大门。

马骏巧妙打扮，把原来的长衫换成了短行头，一转眼，一个都市闲人的形象立于面前，年纪也“增加”一二十岁，一般人很难辨认。侦探们只注意青春年少的“美髯公”，便把这个看上去有50余岁的“闲人”给忽略了。马骏不断地变换着化装样式，骗过了如同狼狗般的侦探们。以后，他在谈到这桩事时常常嘲笑敌人的愚蠢：以胡子做标记抓人，真是荒唐至极。

侦探们见没有什么收获，便“顺藤摸瓜”。他们知道，马骏是个大学生，又是五四运动时京津学生的领袖，必然会在知识分子圈里活动，

---

① 刘清扬：《纪念马骏烈士光荣牺牲三十周年》，《近代史研究》1958年第2期。

于是便注意到学校和教育机关里去寻找线索，加强了对这些“重点”地方的监视。侦探们按照大胡子的印象排查学生，这可苦了一些学校的校长先生，更苦了一些留胡子的人。胆子小的，只好忍痛将胡子剃去，以免招来麻烦。

那么，真正的“美髯公”到哪儿去了呢？

马骏离开那里后，便转移到贫民区。他脱下长衫，换上“苦力”的打扮。破旧的蓝夹袄，肥大的青裤，双道眉的硬帮鞋，头戴破礼帽，这就是他平时的装束。他住在一个大杂院的破厢房里，屋里被破麻包、瓶瓶罐罐塞得满满的。这里是他的办公室、宿舍和餐室，晚间是他和同志们研究斗争的会议室。

在“大胡子风”闹得最厉害的时候，他依旧到外面去工作，而且每次都“安全返航”，有惊无险。其原因就是“美髯公”这个名号帮了大忙，又称为“大胡子风”。

马骏正是利用他的胡子等各种化装，巧妙地躲开暗探的视线，他常常置身于贫民窟、工人区，积极发动群众，组织革命力量，同时努力恢复党组织工作。他没有固定的工作场所，衣食住行等一切均同于苦力，机智巧妙地与敌人周旋。所以，尽管敌人暗探密布，搜索数日，仍毫无所获。

不久，马骏要离开天津去北京赴任。京津两地虽然相距咫尺，却是蛇蝎盈路，要想顺利通过，实属不易。怎么去是个大问题。有位很可靠的老车把式想了一个办法，要马骏扮作赶车的车把式，他负责护送，以掩护马骏出城。

出天津时起初还比较顺利，眼见到了目的地，却出了岔子。那是在北京朝外大街东大桥附近，一警兵拦住了大车。原来这时北京警方为尽快抓捕马骏，也悬出重赏，所以这个警兵才特别细心。尽管这时马骏面目黝黑，苦力打扮，但年纪与警方所要的“马骏”相仿，警兵还是要检查一番。他先拿刺刀在车上货堆里搅了几下，警兵一问他一答，问来问去也没问出破绽来。警兵叫马骏赶车给他看看，马骏一声不吭，将长鞭一摇，清脆的响声从半空劈了下来。他嗖地跳上车辕，辕马一声嘶鸣，大车呼啦一声驶向大道。坐在货堆上的老车把式脸朝车后，以询问的目光瞅着警兵，警兵万般无奈地点点头，表情难说是哭是笑。

就这样，在革命最危急的时候，马骏与敌人斗智斗勇，安然到达了他的新工作岗位，担起了中共北京临时市党部的重担。

被捕入狱

马骏通过在中山大学的两年学习，革命的斗志更加昂扬，信仰也更加坚定。他不畏白色恐怖的血雨腥风，奋不顾身地投入新的工作中。他知道党给他的担子是如何之重，他机智勇敢，忘我工作。马骏乔装打扮成一位阔商“张老板”来到了北京城。这个“张老板”可是了不起，精通好几国语言，没几天就结识了很多上层人士，摸清了北京的革命情况。几经周折，他终于利用念珠作为掩护和暗号与北京的同志接上了关系，很快就把中共北京市党组织恢复起来，重新开展工作。他常常叮嘱同志们，一定要注意工作环境，注意观察周围，要果断、细心、机敏。他说：“只要时刻头脑清醒，掌握秘密工作艺术，敌人再狡猾，也奈何不了我们。”他举了一个很生动的例子，就像骑手驱马穿过火圈一样，

〉马骏到北京与秘密党员接头时用的念珠

要穿过去但不伤自己。他还时常提到要善于接受教训。他说：“‘五四’期间我们都是青年学生，常凭一时血气，获得了很大胜利，有时却也吃了很多亏。现在形势不一样，更要有智慧。”

奉系军阀得知他回京工作的消息后，在北京城内又布下很多暗探和军警，形同天罗地网日夜搜寻他的下落。马骏在工作中是最果断、最谨慎、最机警不过的，因此，多少“尾巴”都被他甩掉了。有天傍晚，他去宣武门外一个僻静处所开会，发现身后粘上了一个“尾巴”。他只当没有看见，不急不慢地走着，心里却在计划如何摆脱。刚刚向东拐过一个胡同，马骏便放快步子，把那个“探子”跟得呼呼直喘，但又死不放松。又走了不多远，马骏闪进了一个小门。这是一个荒芜的小园，马骏一进去就腾身跳过北面的一段短墙，在西面小胡同绕了几回，才到了开会地点。那“侦探”跟了一会儿就迷了路。

马骏到了开会地点，同志们都在焦急地等着他，问他是否遇到危险了，他便把刚才发生的事情跟他们说了一遍。有人问他怎么敢冒险闯进那个小门，他说：“事前我已经勘察过了。”他顺便告诉同志们，除了这个小园外，附近还有好几处可利用的避所，并指给大家危急时利用。

正当马骏奋不顾身地为党工作的时候，时任中共北京市委农民部长许锡仁被捕叛变，供出市委成员及住址。由此，马骏被捕。

关于马骏被捕的时间有两种说法，其中一种是据文献资料记载：“1927 年 11 月下旬，因叛徒出卖，北京临时市委又遭到破坏，临时市委书记谭哨云、马骏等均被奉系军阀逮捕。”[①]

关于马骏是如何被捕的，原北京演艺集团副总经理李龙吟，1986 年曾经采访马骏秘书崔宗培先生。

崔宗培详细介绍了他与马骏见面与分手的整个过程。据崔宗培先生回忆：

> 1927 年 11 月底，我在大学读书，刚刚秘密加入中国共产党。有一天，地下党员许锡仁来找我，告诉我要见新来的市委书记，我就跟他去了。我们来到西单的一个大茶馆，见到了一个穿着长衫、戴着礼帽、

---

① 《中共中央北方局》资料丛书编审委员会编：中国共产党历史资料丛书《中共中央北方局》（综合卷），中共党史出版社 2002 年版，第 108 页。

留着大胡子的人。许锡仁介绍说:“这就是马骏同志。”我当时一愣。因为马骏的名字我是知道的，我怕弄错了人，就问他:“你是在天津南开学校上过学的马骏吗?”他笑着回答:“是我。”我又问:“你认识崔宗埙吗?”他还是笑着说:“认识呀，我们是同期同学。”我赶紧说:“那是我哥哥。”他笑得更开心了:“我知道，要不也不会叫你来呀!”原来他早就对我做了调查。马骏说:“我现在叫张子良，你叫张子相。咱们是哥俩儿，是来北京做生意的。你看好不好?”说实在的，开始许锡仁对我说，新来的领导要找个秘书，我还不想干，怕耽误学习。看到我心中崇拜的偶像马骏，我没做丝毫考虑就答应了。我说:“好，我回去收拾收拾，啥时候开始工作?”马骏还是笑着说:“你还想回去?不回去了。从今天起，你就跟着我。”

马骏带我去了他住的地方，应该在现在北京火车站附近。那是一个院子。马骏叫门时，里边传出来的是日本话。马骏就用日本话和里边对话。我又吃了一惊:马骏还会说日本话?进了院子，看到一对日本夫妇，很有礼貌地和马骏打招呼。这是一个前后两套的四合院。日本夫妇住在前院，马骏把我带到后院。到了房子里以后，马骏告诉我，那个日本人叫铃江言一，是个日本共产党员，中国名字叫王子敬，非常可靠，这里非常安全，北洋政府不敢来这里打扰。

我进了这个院子一直到被捕都没出去过。

马骏每天白天出去活动，晚上回来，给我带些吃的来，然后告诉我写一些东西，写完就卷成一个小纸卷藏到墙缝里，内容多是党的工作和他白天遇到的人和事，还有他想到的一些问题。

有一天白天，我在房间里收拾东西，看到一枚章，上面刻着“马天安”。晚上，马骏回来我就问他：“这是谁的章？”他说：“我的呀！这是我的另一个名字。”他就详细和我说了当年大闹天安门，被大家称为“马天安”的事情，他觉得这个名字有纪念意义，就经常用这个名章了。

我们被捕的日子是1927年12月2号。这一天我记得非常清楚。马骏同志白天出去，下午回来了。那天下了特别大的雪。马骏回来带了好多吃的，高兴地说：“今天晚上新市委成员在这里开会。我们的新市委今天正式成立起来了。”我也很高兴，就把屋子又好好地收拾了一遍。

那个时候，下午5点多钟就天黑了。天刚黑，来了两个女同志，马骏告诉我这是他的黑龙江老乡。一个叫韩幽桐[①]，一个叫赵连芳，都在北京念书，也是秘密党员。她们是来找马骏的，来谈新市委如何组织妇女部的问题。

马骏请她们在屋子里一边谈话一边嗑瓜子，等着别的同志。那个时候7点多钟，北京大街上就没什么人了。别的同志还没有来，马骏有所警觉。他出去看了好几次，嘴里嘀咕："会不会出什么事儿啦？"他对韩幽桐说："今天的会看来是开不成了，雪太大，别的同志来不了了。你们也回去吧！"韩幽桐说："这么大的雪，我们的学校在西郊，怎么回去？我们就住这儿了。"马骏说："那好吧！你们住在那屋。先睡觉吧！"我们就都睡下了。

韩幽桐在悼念马骏的文章中，曾回忆说，自己不仅生活困窘，而且受到社会歧视，很感痛苦，马骏是她的亲戚，就向他诉苦。马骏给韩幽桐指出了妇女解放的道路，并鼓励她要同旧社会黑恶势力做斗争，要她做一个"拓荒者"，做一个"急先锋"的敢死队队员。韩幽桐还是第一次听到"压迫""拓荒者""急先锋""敢死队"这些新词。她虽

① 韩幽桐（1908—1985），吉林宁安人，她从小就离开故乡，在北平大学法商学院学习。1926年经郭隆真介绍加入中国共产党。1947年，她先后担任松江省教育厅厅长、最高法院华北分院副院长、宁夏回族自治区高级法院院长等职。1963年后，任中国社会科学院法学研究所副所长、全国妇联常委等。1985年3月16日，因病逝世。

然还不够深刻地了解这些话的意义，但是马骏给了她克服困难的勇气。所以，韩幽桐在中学时就参加了学生运动。毕业的时候，马骏在苏联写信鼓励她到北京，并把她介绍给在北京的郭隆真，使韩幽桐加入了革命队伍[①]。

还是回到崔宗培先生的回忆：

> 早晨五六点钟的时候，我突然被外边的声音吵醒，马骏还在睡觉，我就叫他："快起来，外边怎么回事？"马骏一下子就坐起来了，听了一下说："出事儿了！有没有保密文件没藏好？"我说："没有。"他说："赶紧穿好衣服，多穿点儿。"这个时候，门就被撞开了，进来的是警察。他们一下子就冲进我们的屋子里来了。一个领头儿的问："谁是马骏？"马骏说："我！"那个人愣了一下，说："还真是你。大胡子，跑不了了。共产党的市委书记吧？跟我们走。"这时外边喊："这屋还有两个女的。"那个领头的又愣了一下，随口说了一句："两个女的？哪儿来的两个女的呀？"马骏就大声说："她们是我的老乡，进城看电影太晚了回不去了，临时住我这儿的。"我觉得马骏这么大声喊是喊给韩幽桐她们听的，意思是告诉她们，敌人不知道她们的身份，要想办法不被抓走。那个当头的说：

---

① 韩幽桐：《悼念马骏同志》，《北京日报》1958 年 2 月 15 日。

“一块儿带走。”后来很快就把她们放了，可能是因为敌人相信了马骏的话。

我们一起被拉到警察局，开始我和马骏关在一起。马骏非常后悔地对我说：“我大意了，昨天就应该想到出事儿了。应该马上转移啊！你跟着我受连累了。不过市委刚组建，什么也没干，他们不能把你怎么着，问你什么你就如实说，一定要想办法出去。”我问：“那你呢？”马骏说：“我怕是跑不了了。我一个人和他们轱辘。”“轱辘”是东北话，就是和他们周旋的意思。

快到中午的时候，警察把我们叫到一个大屋子里，当时市委的人除了许锡仁和另外一个叫胡公鄂的都在场，也不知道他们是跑了还是出问题了。这时，一个警察进来说：“共产党地下市党部成员全在此，没错吧？”我们都不说话。那个警察得意地说：“不承认没用，让你们看一个人。”他朝后边一摆手，叫了一声：“进来吧！”进来一个人，我一看，是许锡仁，他的脸色很不好，很白很难看。我知道他可能是叛变了。这时有人把那个警察叫出去，马骏走到许锡仁前面，狠狠地问：“你是怕死啊，还是怕打啊？”许锡仁小声说：“怕打。”

马骏转过身来，没有说什么。马骏把身上的一袋大洋拿出来，给每人分了两块大洋，说：“我就这些，分给你们，你们一定要想办法出去。问你们什么，你们就实话实说，许锡仁都招了，隐瞒没有用的。你们都出去，我一个人跟他们轱辘。”那时候抓人，是不搜身的。当时大洋很值钱，一袋面是半块大洋，一块大洋能买两袋面。

这时警察就回来了，又把我们带回到房间。马骏又对我说：“许锡仁知道得太多了，他知道的你都认了吧，对组织也没有什么损失，争取出去。”过了一会儿，警察进来，就把我带到另外一个房间，我就和马骏分手了。

后来我哥哥花些钱，把我赎出来，我就到南方去了。过了一段时间，我在报纸上看到了马骏牺牲的消息。除了马骏，别的市委成员都被释放了。因为马骏一个人把什么都扛了，为党保护了一批干部。

李龙吟对采访崔宗培的叙述，让后人对于马骏被捕的情况有了一个详细的了解。马骏具体是哪天被捕的，两种说法都有依据，但根据考证，马骏被捕时间应为 1927 年 12 月 3 日。

马骏入狱后，当即表示自己是共产党新派来的市委书记，新市委是他组织成立的，自己还兼任组织部长，新市委还没开始工作，啥也没干，什么事他一个人扛，把别人都放了吧！因为大家说的都差不多，其他被捕同志很快就都被释放了，但是马骏没有被释放。

越狱未果

马骏被押进了北京奉系军阀张作霖侦缉队所在地鹞儿胡同 5 号，这里曾是李大钊被关押的地方。同监中大多数人都是一些“犯罪”的军官。而在这些军官中，许多是“因言获罪”遭到报复或有“通共”嫌疑而被关，均判刑较重。马骏被捕的消息被当局严密封锁，因而我党失去了第一时间营救的机会。北京清真寺一位好心人冒着生命危险用阿拉伯文写上“马骏在北京被捕”将消息传了出去。马骏入狱几天后，外面的同志通过一个扫狱的老头送进来一张纸条。马骏他们打开看时，纸条上写着：“我们正组织力量，打算劫狱。特告。”马骏等密商后，觉得危险太大，便回了一个纸条说：“我们损失的力量已经不少了。革命力量是革命胜利的保证，还是不要冒险的好。你们在外面加倍努

〉鹞儿胡同 5 号

力工作就是我们的欣慰。”

这天晚上，在同一监房中被押的 4 个同志，头冲头躺在铺着乱草的地上。说起未来的命运，有个年轻同志说：“死算什么，干革命那天就把生死抛在一边了，革命者是杀不完的！”马骏轻声一笑说：“咱们也不能坐以待毙。”大家觉得他有了主意，便齐追问他。马骏瞅瞅四下里，低声回答说：“现在商议这问题还不到时候，要等机会。”大家当时没再问下去，但心里一下子有了底。

同监中有个中校团长，因在张、阎混战中被怀疑有倒戈蓄谋而被调回。其实所谓倒戈完全是冤枉，只是因为这位团长良心尚存，看到军阀们相互残杀，人民遭殃，仗打得不够积极罢了，结果被张作霖的军法

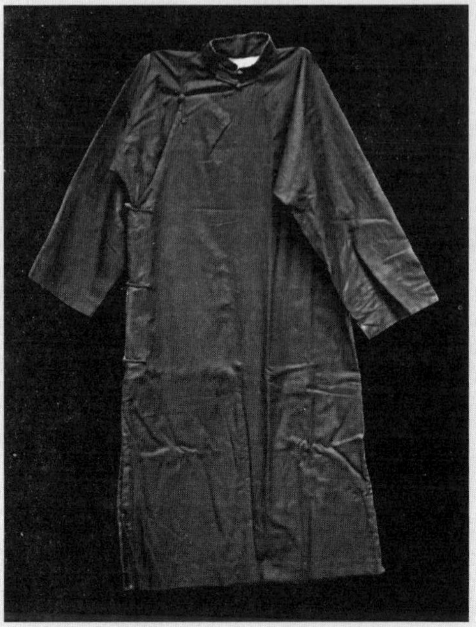

〉马骏在狱中穿过的长衫

〉马骏在狱中用过的脸盆

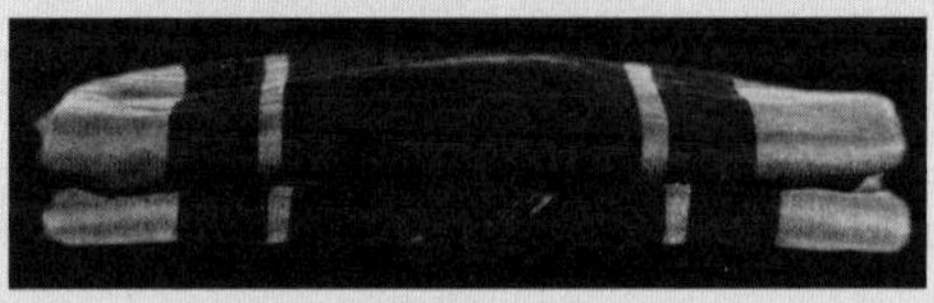

〉马骏在狱中用过的被子

当局判了10年监禁。他在那些军官中还算有威信，说话常无所顾忌：“咱爷们儿不能受这份窝囊气。”那时，他的出逃之意已定。

又是一天晚饭后，监房东边那些军官正在清唱《四郎探母》中“坐官”一折，声调十分凄凉，显得情绪颇为颓丧。马骏等趁这个机会开始秘密商议。他很严肃地对同志们说：“敌人这几天虽然给了我们一点时间，没拉我们去过堂，但这正说明对我们要罗织罪名，盘算怎样来制服我们。我们誓死不投敌，那么他们肯定会对我们下毒手。我们是共产党人，不能让敌人老老实实处死。”他停了一停，在黑暗中将同志们的手紧握在一起：“只有打出去！”

一位同志有些不解，便问：“外面同志要来劫狱，我们说太冒险，那么我们打出去，不冒险吗？”

马骏翻身趴在铺上，解释说：“那不一样。外面行动会暴露了力量；我们横竖是一死，成功了当然更好，纵然不成功，也不会有双倍的损失。倘或打出去一个两个，也为革命多保存一份力量。”他见同志们有些理解，又进一步把这两天来的思考结果告诉大家：“光靠我们自己的同志，力量当然太单薄，我们还要争取那些军官从一个门出去。”

大家对这一计划很有信心，只是担心那些军官靠不住，万一把心里话向他们一吐露，被他们泄露出去，事态将更加不妙。

对于可以争取军官们一同打出去这点，马骏的看法很坚定，他认为：“要他们和我们走上同一条革命道路不敢奢望，但在越狱里合作为命运拼争是办得到的，因为军官中有些人也有进步思想。有的虽无进步思想，但也有求生欲望。特别是这些人平日都浪荡惯了，关时间长了他们无论如何也受不了。”

马骏的见地令大家都深深佩服。他这时虽然蓬头垢面，但他那双藏在深陷的眼眶里的大眼睛，显得更加有神、信心十足。这给了大家百倍的勇气和信心。这样，4 个人的思想就拧成了一股绳。接着，他们就细致地研究了具体的办法。第一步就是主动和军官们接近，特别是那个中校团长。

自马骏等进监狱以后，一般军官对他们都存有戒心，或多或少有些回避，因他们知道这 4 个人都是“红党”，担心离他们近了会“祸上加祸”。唯独那位团长毫不在乎，常和马骏他们闲谈。自从马骏有意识地对他进行开导工作后，他们攀谈得更加热乎。这位团长也是东北人，马骏便和他攀起老乡。“亲不亲，故乡人。”马骏与他白山黑水无所不谈……4 个人中有位负责武装保卫工作的同志，在枪械方面是内行，团长对此也颇感兴趣，说起打枪就眉飞色舞，钩着手指头做扣扳机状，自夸他是个枪枪不空的神枪手。随着关系越来越亲近，其他军官对“红党”们也打消了顾虑。

转眼马骏入狱已有半月余了。这天中午，马骏、团长，还有那位搞武装工作的同志正在聊天，忽然有一只飞鸟从窗前掠过，团长油然生感，叹气说：“要是在过去嘛，啪——”他心向往之又苦苦地摇了摇头。马骏趁机说：“老是摇头没用，您现在正当年，几天后官司吃完了，出去以后啥事不能干，何况打打鸟儿呢？”这一说，更勾起了团长的愤怒，他不由得破口大骂张作霖，说：“十年监禁，出去以后老得没牙了，还有心思打鸟？”马骏又接他一句：“非十年不可？”团长似有所悟，猛然抓住马骏的手臂：“咱们是乡亲，有话不妨直说。”马骏略微思忖一下，当机立断，向他吐露了越狱打算，然后把他的手紧紧一握说：“老兄赞成也好，不赞成也好，冲出去有可能生，坐等就是等死！”团长激动得脸都涨红了，放声说：“我早有此心！”马骏示意让他小声点，免得让那边的军官们听去。团长说：“没关系，他们谁都想出去痛快，我去一说就成。”

动员越狱最终达成一致，正如马骏他们所期望的。但他还是反复叮嘱，随机应变，以防万一。

经过几天的周密谋划和准备，有关越狱的一切事项大致就绪。他们的计划是，趁晚上炊事兵来送饭时，剥下两个送饭人的衣服，由行动敏捷、身强力壮的人员穿上。冬日，天黑得早，趁傍晚不易辨识，换了炊事兵衣服的“犯人”带着盛饭家什径直奔大门（和平常一样，岗兵不致有什么怀疑），待到接近岗兵时，出其不意丢下家什，猛然把岗兵扑倒，两名后援人员及时赶到，两人对付一个，下了枪支弹药，作为越狱的第一梯队。这项工作由那位搞武装的同志负责。第二梯队的任务是收拾大院里其他敌人，等“送饭的”接近岗兵时，即从监房中冲出马上动手，并尽可能帮助砸开其他监房。这项工作的具体负责人是那位团长。而马骏则带领其他人员断后掩护。路线也策划好了，越狱后逃出市区暂时隐蔽。

不觉间，时间已到新历年底。几天来呼呼的西北风异常凛冽，天空阴云笼罩。从一尺见方的阴森小窗口望去，守门的岗兵还穿着单薄的衣服，抱着枪在原地踏步，像寒号鸟瑟瑟发抖，无精打采。马骏认准这是个绝好的机会，这样一旦冲到大街上，天昏地暗，仓促间敌人是不易追捕的。

然而，事情又发生波折——敌人要提人去过堂。第一个被提的就是马骏，而且让所有“政治犯”都跟去，显然是用一种精神战法，借以吓唬众人。

马骏等被带到一间大屋子里。敌法官马上瞪起眼睛，威逼马骏交代在北京的秘密活动。马骏把头一抬，干脆一句话：“不知道！”

“你别装傻。”法官气急败坏地说，“我们都调查清楚了，你是北京共产党的头子，什么秘密都知道。今天照实说了，高官厚禄尽可享尽。如果顽抗到底，其结果，哼！你也是个明白人！”

“对，我很明白！”马骏斩钉截铁地说，“我就是共产党员，我更明白共产党员要忠于党，保守党的秘密。你们就别在我身上打算盘了。”

敌法官恼羞成怒，霍地从抽屉里拿出一张硬纸片来，自鸣得意地递给马骏，上面列有马骏的十大“罪状”：第一条是“勾结赤俄，扰害国家”；第二条是“煽惑民众，危及民生”；第三条是“思想赤色，顽固不化”……最后敌法官问马骏：“你认为这些罪状属实吗？你承认吗？”

“大体属实，但要翻译。”马骏嘲弄地说。这个回答使敌法官感到意外，莫名其妙地问：“都是地道的中国话，干吗还要翻译？”

“应该说是：第一条，学习俄国，拯救国家；第二条，发动群众，自求解放；第三条，信仰马列，坚定不移……这正是你们所说的我的罪状，也正是我的光荣！”

敌法官一拍桌子，当庭咆哮起来：“拉下去！拉下去！”几个如狼似虎的家伙，抢上前来将马骏推进西边的屋里。在那里，敌人使尽了种种残酷的刑法，马骏被折磨得死去活来。当马骏睁开被血污粘住了的眼睛时，那个咧着大嘴的敌法官，皮笑肉不笑地问：“怎么样？我说过嘛，为人还得放聪明点……”马骏不等他说完，噗地一口带血的唾沫吐在他那虚胖的脸上。敌法官气急败坏，命人一阵毒打，马骏又昏厥过去。敌法官一面用手乱抹，一面像狼嚎似的狂叫：“拖出去！拖出去！”

马骏被架回监房，大家都围拢上来，替他擦拭血污，仅有的两床被子也给他盖上，大家情愿埋在草里。但马骏怎么也不肯盖，冲着那边生病的几个军官说：“给那几位难友盖吧，我这伤不要紧，明儿就好了。”他嘴角流着血，带着一丝微笑……

那些军官听了，都感动不已，有的流下了眼泪，纷纷议论道：“共产党人是铁打的，了不起。”有的还对以前怠慢马骏等人表示道歉。

当晚，马骏把几个越狱的负责人再次召到身边，低声说：“咱们不能再拖延了，夜长梦多，看这样子，他们还会继续审问别人或下毒手。一定要用生命抢时间。”大家都有同样判断，但又担心马骏的伤痛没法行动。马骏坚强地一下子坐起来，说：“你们看我这不是蛮好吗？”大家连忙扶他躺了下去。

越狱定在一天后的晚上，根据当时的天气情况判断，应该是阴天无雪。

但到第二天晚上，门上的大锁咣当一声，门被打开了，大家不约而同地注视着门外，只见几个士兵站在门口，扯着破锣嗓子喊：“马骏出来！”同志们和那位团长问要解到哪里去，回答说是什么军事部。军官们心里都不禁打了一个寒战。

马骏挣扎着立起身来，手扶高墙镇定了一会儿。有位同志要求给马骏来副担架，但他却摇摇头说："不用，我自己走。"他拖着一双浮肿的脚，试着走了两步，皱了一下眉头，但马上就咬着牙，登上了小门的台阶。一阵晚风扑在他身上，他晃了一下，又稳住了，猛然回过头来，冲着狱友们深情地说道："咱们大概是要永别了，希望大家多加珍重，勇敢地斗争下去，生活下去！"

大家急忙赶到门口，趁着小门还没关上，含泪争相看马骏最后一眼。马骏面向大家微笑点头，既是向他们告别，又像是提前向他们祝贺越狱成功。

狱中诀别

马骏被捕的消息辗转传到了家乡宁安。他的夫人杨秀蓉得知消息后如同晴天霹雳。没承想，盼了那么久，直到大雪纷飞的冬天盼来的却是丈夫再次被捕的消息。看着家道中落的惨景、懵懂无知的儿女（大儿子8岁、二儿子6岁、小女儿3岁）以及不肯谅解的家人，她毅然决定当掉所有的家产，带着马骏13岁的弟弟和从未见过爸爸的小女儿前往北京，看望并设法营救丈夫。试想一下，20世纪20年代，一位东北边陲的农村妇女进城营救一位被严密看管的革命者，困难难以想象。杨秀蓉四处奔走，终未成功。

马骏被捕的几个月期间，杨秀蓉一共去探过三次监：第一次探监是隔着牢门见面，杨秀蓉将只有3岁的小女儿高高举过头顶，让马骏从监狱的天窗看看这个他从未见过面的最小的女儿。杨秀蓉把小女儿递进去，马骏亲着女儿的面颊，深情地对杨秀蓉说："要好好教育孩子长大，不要乱花钱。等他们长大了，这个世道就变了，中国就有希望了。"接着又说："你下次来一定要求特殊接见（就是可以在屋子里面见面，有看守在旁边），再带些日用品及棉被，这里面很冷。"第二次探监，杨秀蓉争得了特殊接见的机会，除了给马骏带来一些衣物和棉被外，还带来了3个象征平安的苹果，希望丈夫能够平安回家与家人团聚。杨秀蓉托了好多关系，当时在东北军中有许多马骏的同学或老乡，所以杨秀蓉希望打通关系，到东北军司令部内部活动，求张作霖放了马骏。但人家说马骏"太强硬了""顶得厉害"，这其实是马骏意志坚定、对党忠诚的一面。营救不成，杨秀蓉心急如焚，继续奔走，仍无结果。第三次探监，杨秀蓉还是带着小女儿。破旧潮湿的小屋异常脏乱，最坚固的就是锁住自己丈夫的铁栅栏。那扇厚重的铁门打开后，她步伐沉重地走进关押丈夫的小屋。马骏低头看看小女儿，不由得欣慰地笑了。夫妻再次相见，只见马骏的长衫上又增添了斑斑血迹，身上多了累累伤痕，消瘦的脸颊上胡须也长了两三寸长。只有两只大眼睛依然闪着坚毅的光芒。夫妻四目相对的那一刻，杨秀蓉的泪水如泉水般涌出。马骏首先打破了沉默，对女儿说："芳儿，让爸爸抱抱。"小女儿却害怕地躲在妈妈的身后，死死地拽着妈妈的衣衫。杨秀蓉蹲下身，放下篮子，对女儿说："这是爸爸，咱们今天是来看爸爸的。"女儿胆怯地小声问："那爸爸是坏人吗？为什么戴着铁链？""不，爸爸不是坏人，爸爸是为了像你这样的孩子能过上幸福的生活，才被坏人抓起来的，咱们喂爸爸吃个苹果好

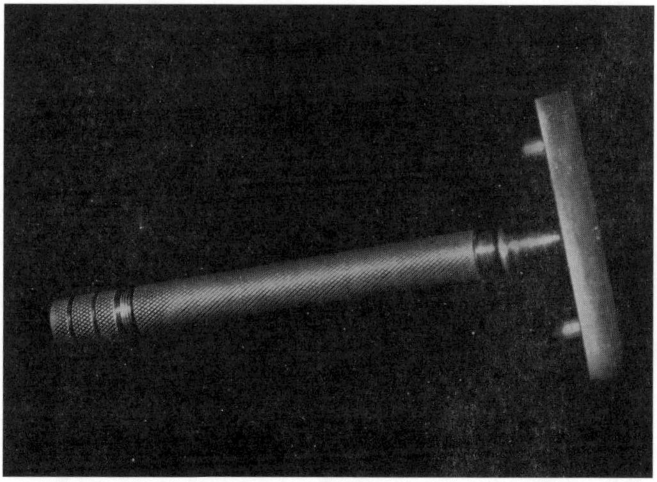

〉马骏在狱中用过的剃须刀

吗？”说着，杨秀蓉从篮子里拿了一个最大的苹果，递给了女儿。女儿接过苹果，用自己的衣襟擦了擦，慢慢伸出小手。马骏蹲下身子，张开了嘴。为了不让妻子看出自己身上受的伤而心痛，他用力地咬了一口，使劲地嚼着，眼泪顺着脸颊流到了多日没有打理的胡须上。看到这样的情景，杨秀蓉再也忍不住了，含着泪对丈夫说：“看你在这儿受苦受罪，我从家里带了些银子，想办法花钱也要把你赎出去……”还没等妻子把话说完，马骏慨然说道：“我现在所做的事，是为了他们将来能过上更好的生活，不要乱花钱，把孩子们交给学校，由我一个人和他们轱辘。再说，用银子把我赎出去，我是共产党人，也不光彩呀。”探监结束的时间到了，杨秀蓉领着女儿默默地离开。监狱的长廊里传来母女撕心裂肺的哭喊声，这声音如同刀子戳在马骏心上。马骏站在窗前向外张望，直到两人的背影消失在视线里。

儿女情长没能软化马骏的斗志，功名利禄也没能腐蚀马骏的信仰。此后，杨秀蓉再来探监，敌人就不让他们见面了。杨秀蓉已预感到事态严峻，一种不祥之感油然而生。

杨秀蓉在极度绝望中来到北京动物园，跪在了巨大的守门人（当时北京动物园的守门人是一个两米多高的“巨人”雕像）脚下。她在向它祈愿，希望这个“巨人”能有回天之力……

为信仰选择牺牲

许锡仁被抓后，把中共北京新市委名单全盘托出。当他说到新来的市委书记是马骏的时候，张作霖开始还有点不信。因为马骏在京津和东北名气都是非常大的。他在“五四”时期大闹天安门和 1925 年在吉林搞“沪案”后援大游行，张作霖印象极深。

在狱中，马骏受尽了酷刑拷打，但始终坚贞不屈。敌人软硬兼施，张作霖还专门派教育总长莫德惠前去劝降。莫德惠对马骏说：“只要你不宣传马列主义、不搞革命，大帅叫你当教育次长！”马骏痛斥道：“我过去是共产党，现在是共产党，将来永远是共产党！只要我还有一口气，叫我不宣传马列主义、不搞革命，除非太阳从西边出来！”话语间透着马骏为实现共产主义奋斗到底的决心。

〉京师第一监狱全景（功德林），马骏由此被押赴天桥刑场

马骏的气度让张作霖非常欣赏，他认为马骏是东北人中的豪杰，如果能为他所用是最好不过了。张作霖听说马骏宁死不屈，决定亲自劝说马骏脱离共产党，帮他做事。然而马骏意志坚定，不为所动，并奋笔写下了《告东北同胞书》，痛斥张作霖投敌卖国，将祖国的大好河山拱手送给日本人的罪行，号召回汉人民团结起来，打倒军阀。尔后，他抱定为党的事业必死的决心又从容不迫地写下了自己的碑文："故共产党员马骏之墓。"

英雄的伟大之处即在于他们并非没有选择生的机会，但他们为了信仰毅然选择死亡。

马骏被转押到军事部"特种监狱"——京师第一监狱（功德林）后，

〉马骏被捕后在法庭上

敌人又对他审问两次，妄想在屠刀将要落下前的一刹那，马骏能够回头。但他们从马骏口里所得到的只有一句话："死了你们那条贼心吧！"敌人用尽了手段也没能打垮马骏。共产党人钢铁般的意志，使敌人最终无计可施，只能决定尽快解决掉这位从少年时代起就献身于复兴国家和人民解放幸福事业的忠勇战士。

1928年1月底的一个深夜里，周遭像墨染一样漆黑，凄冷的寒风中夹杂着雪粒。"特种监狱"的人们听到从不远的地方传来一阵骚乱的声音，不一会儿，这声音渐渐远去。紧接着刺耳的警笛声不绝于耳，马蹄从当街急促地走过，能感觉到此刻骑者的慌乱和惊恐。同监"犯人"看见马骏始终在窗前屏息观视，直到外面的骚动平息下去，他方长长地舒出一口气，脸上浮现一丝欣慰的笑容。

原来就在这一刻，此前与马骏同住陆军监狱牢房中的狱友们按照马骏的策划成功越狱。前几天大兵去提审马骏时，曾有人担心越狱计划已经暴露，但经马骏临别前的暗示，他们安下心来，又观察几天，除了提审两个人外，不见有其他异常动静，于是他们就当机立断实施计划。除本监房人安然脱险外，他们还砸开了另外两个监房。等到军警回过神来出去抓人时，人们都已经跑出好远。夜深天黑，风雪声掩住了脚步声，人们成功脱险。后来敌人又搜捕了几天，一无所获。

脱险的同志和朋友们都在深深感念马骏。马骏策划和组织了这次越狱，别人都已脱险，而他……感念之余，有些军官被马骏的精神所感化，对共产党更加崇敬。在他们心中，马骏就是共产党人的代名词。

敌人在马骏那里幻想破灭，张作霖深知马骏是共产党在北京的主要人物，在东北人心目中有很高威望，决不能放虎归山。马骏坚贞不屈的革命气节，让张作霖恼羞成怒，他不顾各界抗议和国家内忧外患，下达了杀害马骏的命令。

1928 年 2 月的一天，监狱看守来到杨秀蓉在北京租住的小旅馆里，对她说：“你们家这个人不行了，大元帅已经下令，明天上午到天桥认领尸首。”

张作霖签批的马骏死刑指令如下：

大元帅指令第九十八号

令军署总长何丰林呈覆核党犯马骏、谭羽林、殷学山等三名，分别判处死刑、徒刑。情罪允当，请鉴核训示由。

呈悉，均依法执行，此令。

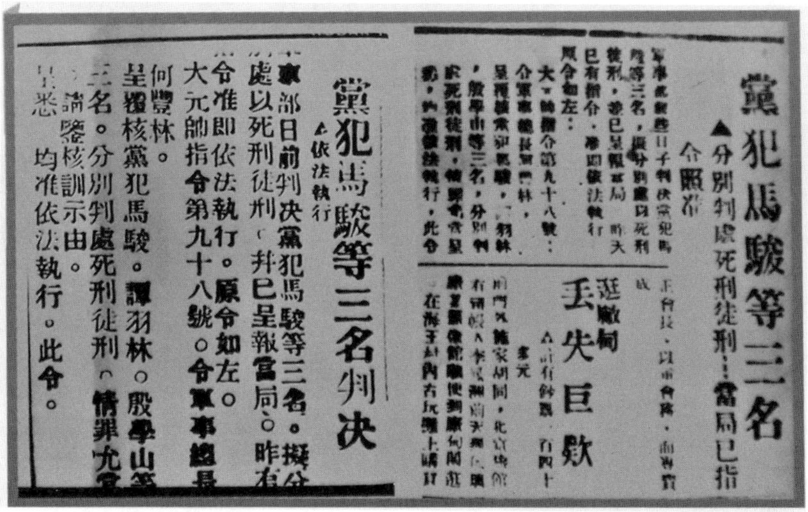

黨犯馬駿等三名判决

▲依法執行

軍事部日前判决黨犯馬駿等三名。擬分處以死刑徒刑，幷已呈報當局。昨有令准即依法執行。原令如左。大元帥指令第九十八號。令軍事總長何豐林。呈覆核黨犯馬駿。譚羽林。殷學山等三名。分別判處死刑徒刑。情罪允當請鑒核訓示由。呈悉。均准依法執行。此令。

黨犯馬駿等三名

▲分別判處死刑徒刑…當局已指令照准

挺欵衕

丢失巨欵

〉马骏被害时北洋政府公告

2月15日上午，虽然已经到了阳春，但严寒依然笼罩着北京这座古城。一个飘着一尺左右长胡子的青年被五花大绑押出牢门，四周都是扛枪的警察和手持大刀的宪兵，戒备森严。

马骏上衣被剥，双手背绑，两脚加镣。但是，他挺胸端坐，目视前方，“美髯公”黑须迎风飘逸。冰冷的镣铐虽紧紧锁住他的手足，却锁不住他共产党人的灵魂。几个月的残酷折磨，他那健壮的胸脯已显塌陷，寒风不住地抽打着他的肌体，但他那颗火热的心跳动得更加有力！他那被折磨得略显憔悴的面孔，刚毅中愈显得英姿勃发。

这天风很大，一阵寒风卷来，沙尘弥漫，遮蔽了人们的视线。然而在马骏被押赴天桥刑场通过的街道两旁，仍然伫立着大批的群众，很多人是怀着无限崇敬的心情来向他们心中的英雄告别的。马骏沿途不断地用洪钟般的声音高呼“打倒帝国主义”“打倒卖国军阀”“中国共产党万岁”。他高唱《国际歌》，大义凛然地走向刑场。

马骏向他熟悉的听众做了最后的讲演：“我马骏的死，能唤醒千千万万中国人的觉醒，我死得其所！”“……只有共产党才能救中国，跟着共产党走就有光明的未来……共产党万岁！”他还念念不忘叮嘱回族同胞们：“回汉民族联合起来，打倒帝国主义！”演讲感动了无数爱国群众。

沿街近万民众被他的精神所感动，有些人听说他就是当年的“马天安”，便要冲上前去与之告别，但因敌人戒备森严，无法靠前，只得挥泪招手送别。

最终，反动军阀的行刑刽子手们，朝着英雄马骏举起了他们罪恶的枪支……

马骏用 33 年短暂却永恒的生命写下了爱国救国殉国的壮烈诗篇，激励了无数青年为革命前仆后继，英勇献身。

一代中华民族之星陨落了。这个向往民主、独立、自由，有着共产主义理想的青年，用生命坚守了初心，用鲜血践行了信仰。21 年后，他和无数革命先烈用生命换来了天安门广场冉冉升起的五星红旗。

马骏牺牲后，他的夫人杨秀蓉在北京回族群众的帮助下，冒着生命危险，按照回族风俗，在朝阳门外清真寺为他做了洗礼，并在南下坡（今日坛公园西北角）将烈士安葬。杨秀蓉为丈夫立碑，并栽下松树和苹果树以示纪念。

老工人白宝纯回忆了当年他参加安葬马骏的过程：

> 段祺瑞走了，张作霖来了。他也是个杀人不眨眼的魔鬼。他的部队驻在城外四郊，到处传来奉军奸淫抢劫的消息。城里每天毙人，说是防“赤化”杀“暴徒”，城门口贴着卫戍司令王庆怀的大布告：“凡宣传赤化、主张共产者，不分首从一律处死刑。”城墙上还画着大幅的反共宣传画。铁狮子胡同原来陆军部后面，每天半夜里都要抬出死难者的尸体。好几次，我在街上拉车，看到一些青年被绑着押赴刑场，他们挺着胸、昂着头，有的还喊口号。我听不清他们喊些什么，可我知道他们是为了国家、为了民族，我从心里佩服他们那种英雄气派。

〉马骏墓

1928年初，阴历年刚过没几天，礼拜寺派人去找我，说“卫戍司令部”又毙人，他们找我去帮忙埋一下。我去了，看见死者有三十多岁，留着长长的黑须，胸口一排子弹孔，血肉模糊。冲洗好了，我们把他抬到“回民义地”（建国门外日坛公园西北角）。入土时，他妻子一直跪在前边，怀里搂着个三岁左右的女孩子。附近站着三个穿黑大衣的人，在那儿东张西望，像是来监视他们的“便衣”（特务）。别的什么朋友亲戚都不让来参加葬礼。这个不奇怪，那年月，沾上一点共产党的关系，就要杀头；反动派连孤儿寡母都不肯放过。

一个伙伴悄悄告诉我：“听说死的是个大共产党，叫马骏，是个闹学生运动的头儿。”那时候，我对革命没有什么认识，可我压根不信反动派的那套宣传，他们说共产党“杀人放火，共产共妻”，可我看到被他们杀害的尽是正正经经的青年人，这马骏要是跟军阀同流合污，给他们干事儿，军阀还会杀他吗？……时隔20多年，我还清楚记得埋葬他的情景。“解放以后我才知道，原来马骏同志是当时中国共产党的(北京临时市党部)书记，我心里对他更产生了一种崇敬的感情。几十年来，不知有多少优秀的共产党员在反动派的屠刀下牺牲了性命！革命的胜利，真是先烈们用鲜血换来的啊！”①

当马骏被害的噩耗宛如晴天霹雳一般传到各地，人们莫不为之深深地哀悼！京津青年更是如此。有人当即写下血书，立誓要继承马骏的遗志，终生为打倒帝国主义及其走狗而奋斗。马骏被害的消息传到莫斯科，中山大学同学们极为沉痛，召开全校学生和教职员工追悼大会，并

① 白宝纯：《六十年的悲欢》，中国青年出版社1965年4月版，第36—37页。

233

决议将中山大学俱乐部命名为“马骏俱乐部”以示纪念。

马骏牺牲后，反动当局仍不肯罢休，想方设法要迫害马骏的夫人及其留下的 3 个子女。杨秀蓉没有被反动当局的威逼行为所吓倒，将马骏参加革命的有关遗物都藏在家中的墙缝里，将 3 个子女隐姓埋名，自己靠给别人做针线活的微薄收入供养 3 个子女，将他们培养成人，并全部送入了革命队伍。

1945 年 8 月，抗战胜利，东北民主联军和苏联红军解放了宁安。马骏的夫人杨秀蓉将一块红色包袱皮绑在一根竹竿儿上并将其插在自家的大门口，欢庆解放。从此，杨秀蓉和 3 个孩子才敢说出自己的真实姓名和身份。

英雄永生

英雄是民族的脊梁。“一个有希望的民族不能没有英雄，一个有前途的国家不能没有先锋。”马骏的身影在历史深处渐行渐远，可他的名字、他崇高的爱国主义精神仍在中华大地、在白山黑水间历久弥新。礼赞英雄，是为了发时代新声。

马骏与马千里始终相互挂念和敬重。马千里 1927 年 11 月 8 日的日记记载：“下午到时宅，忽遇马骏，真是意想不到的事，他是从俄国中山大学今年暑假才毕业回国的，他找到夏琴西，才知道时宅住址。马骏谈了些由莫斯科回国一路之趣闻。如戈壁沙滩之步行，蒙古帐幕内之宰羊，与石敬亭之谈话，到汉口之妙计，一路三十九人（男十八，女

〉马骏革命烈士证明书

二十一），青年之冒险精神，真可钦佩也。”[①] 他的日记在同年 12 月 27 日还记载：“昨晚听王阿衡说，马骏于 12 月 5 日夜（实际是 12 月 3 日晨）在北京被捕。捕人者系北京警厅之侦探陈姓，亦回教（伊斯兰教）人认识王，王函告马吉林家中，其兄复函恳请王在北京托人，使其处决后按回教礼节把他葬了。王又云陈将马捕获后先不说本名，陈云在北京谁不认识你，你是马骏，此案你必不能活，何不磊落光明，坦白承认亦落个荣耀历史。马闻之慨然承诺，立索笔纸于两日工夫把‘供词’

① 《马千里先生日记摘抄》，收入中国人民政治协商会议天津市委员会文史资料研究委员会编：《廿世纪初天津爱国教育家马千里先生——诞辰百周年纪念（1885—1985）》，1985 年 1 月内部版，第 132—133 页。

写好交出，恐不久必被判决枪毙也。马本爽快人，他的一生亦甚爽快也。”[①]1928 年 2 月 14 日，他的日记又记载：“今日《庸报》载北京军事审判处以奉张作霖指令，准将党犯马骏处死刑，想不日即要执行了。马骏于两月前来津一次曾与我谈了几点钟，我曾劝他既自俄回来，离家已二年，亦应回家探视引避，他对于主义心热，故仍冒险赴京。他本是一个领导群众的人才，予不禁为之惋惜者再！”[②]马千里在日记中频繁提及马骏，足见二马惺惺相惜，情同手足，相互理解，了解至深。

马骏牺牲后，党和人民给予他很高的荣誉和评价，给烈士家属以无微不至的关怀。1942 年延安出版的文化课本，收录了马骏的事迹。1945 年，在中国共产党第七次全国代表大会上，马骏被追认为革命烈士。

当年东北民主联军总政治部为马骏家属颁发了“烈士家属证书”。1952 年，中央人民政府又为其家属颁发了经毛泽东亲笔签发的革命烈士家属证书。党的十一届三中全会后，中华人民共和国民政部于 1982 年 11 月再次给烈士家属颁发了“革命烈士证明证书”。

周恩来总理一直怀念自己的这位老同学和亲密的战友。由于当年的革命形势和斗争环境所限，在党的六大后，他曾委托东北地区的地下党组织寻找过马骏烈士的家属，但都因当时马骏的夫人杨秀蓉带着几个孩子隐姓埋名而未寻访到。1947 年，马骏的儿子因工作变动，全家从宁安搬到了哈尔滨。直到新中国成立后的 1950 年，党组织才在哈尔滨

①② 《马千里先生日记摘抄》，收入中国人民政治协商会议天津市委员会文史资料研究委员会编：《廿世纪初天津爱国教育家马千里先生——诞辰百周年纪念（1885—1985）》，1985 年 1 月内部版，第 132—134 页。

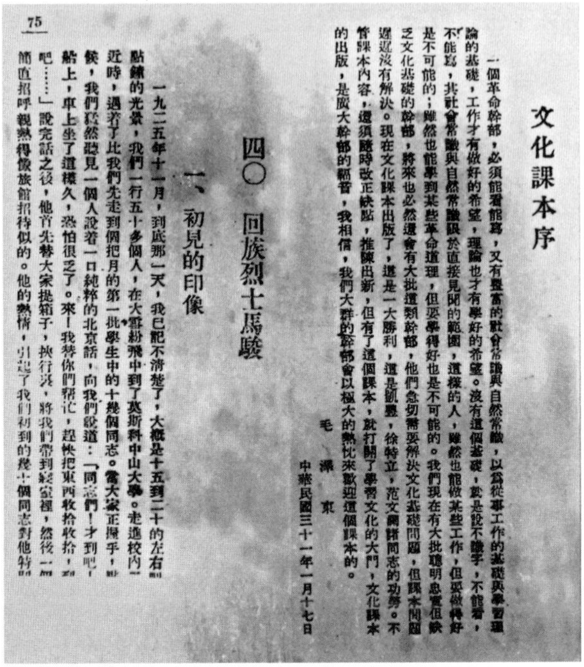

文化課本序

一個革命幹部，必須能看能寫，又有豐富的社會常識與自然常識，以為從事工作的基礎與學習理論的基礎，工作才有做好的希望，理論也才有學好的希望。沒有這個基礎，就是說不識字，不能看，不能寫，其社會常識與自然常識限於直接見聞的範圍，這樣的人，雖然也能做某些工作，但要做得好是不可能的；雖然也能學到某些革命道理，但要學得好也是不可能的。我們現在有大批聰明忠實但缺乏文化基礎的幹部，將來也必然還會有大批這類幹部，他們急切需要解決文化基礎問題，但課本問題遲遲沒有解決。現在文化課本出版了，這是一大勝利，這是凱豐，徐特立，范文瀾諸同志的功勞。不管課本內容，還須隨時改正缺點，推陳出新，但有了這個課本，就打開了學習文化的大門，文化課本的出版，是廣大幹部的福音，我相信，我們大群的幹部會以極大的熱忱來歡迎這個課本的。

毛澤東

中華民國三十一年一月十七日

75

四〇 回族烈士馬駿

一、初見的印像

一九二五年十一月，到底那一天，我已記不清楚了，大概是十五到二十的左右……點鐘的光景，我們一行五十多個人，在大雪紛飛中到了莫斯科中山大學。走進校內……近時，遇着了比我們先走到個把月的第一批學生中的十幾個同志。當大家正握手，……候，我們猝然聽見一個人說着一口純粹的北京話，向我們說道：「同志們！才到吧！……船上，車上坐了這樣久，恐怕很乏了。來！我替你們帮忙，趕快把東西收拾收拾，……吧……」說完話之後，他首先替大家提箱子，執行李，將我們帶到寢室裡，然後一……簡直招呼親熱得像旅館招待似的。他的熱情，引起了我們初到的幾十個同志對他特……

〉1942 年延安出版的文化课本，收录了马骏的事迹

寻访到烈士家属。

在马骏牺牲 23 周年时，党和政府首先对马骏的烈士墓在原地进行了重建。重建后的烈士墓的墓志铭和碑文由时任政务院副总理郭沫若亲笔题写。重建的烈士墓于 1951 年 9 月落成，党和国家为马骏举行了隆重的公祭仪式，公祭仪式由北京市负责，国家民委、民政部、北京市有关领导，马骏生前战友、北京各界群众代表等数千人参加了公祭仪式。

1958 年 2 月，北京市人民政府在马骏牺牲 30 周年之际，又举行隆重的纪念活动，邀请家属来京参加。在朝阳门外清真寺，按回族的风俗举行了悼念活动。

在举行纪念活动之前，周恩来总理听说马骏的夫人杨秀蓉应邀来北京了，便在2月7日上午委托马骏生前战友、中央统战部常务副部长于毅夫转告杨秀蓉，请她第二天到中南海西花厅做客。

据马骏家属回忆，那天陪同的还有马骏的老战友刘清扬、张友渔、韩幽桐。总理一见到马骏的夫人杨秀蓉，双手紧握杨秀蓉的手，好半天说不出话来。杨秀蓉让孙子马为公叫爷爷，马为公说："我的爷爷在墓里躺着呢，这怎么又来个爷爷？"总理含泪抱起孩子说："墓里躺着的是你爷爷，我也是你爷爷。"并对在场的人说："天安用生命和鲜血换来的幸福我们享受了……"表达了总理对战友的深切怀念和对战友后代的殷殷关怀之情。

总理还向杨秀蓉征求意见，想将马骏的烈士墓迁至八宝山革命公墓去。杨秀蓉表示感谢党和人民给予马骏的极高荣誉，感谢党和政府给予烈士亲属的亲切关怀，不想再给国家增添负担了。总理表示马骏的墓就按家属的意见办，让游人游园时，瞻仰烈士墓，更加珍惜今天由无数革命先烈用鲜血和生命换来的新生活。于是马骏的墓就一直留在了日坛公园内至今。

1963年4月25日，邓颖超亲自到日坛公园去看望并祭扫马骏烈士墓。5月14日，她又亲笔给杨秀蓉去信，告诉烈士墓的详情，随信也带去了她对杨秀蓉及全家的问候。

1964年，杨秀蓉当选第三届全国人民代表大会代表。会议期间，邓颖超多次接见杨秀蓉并合影留念。会议休息时，邓颖超还亲自陪同

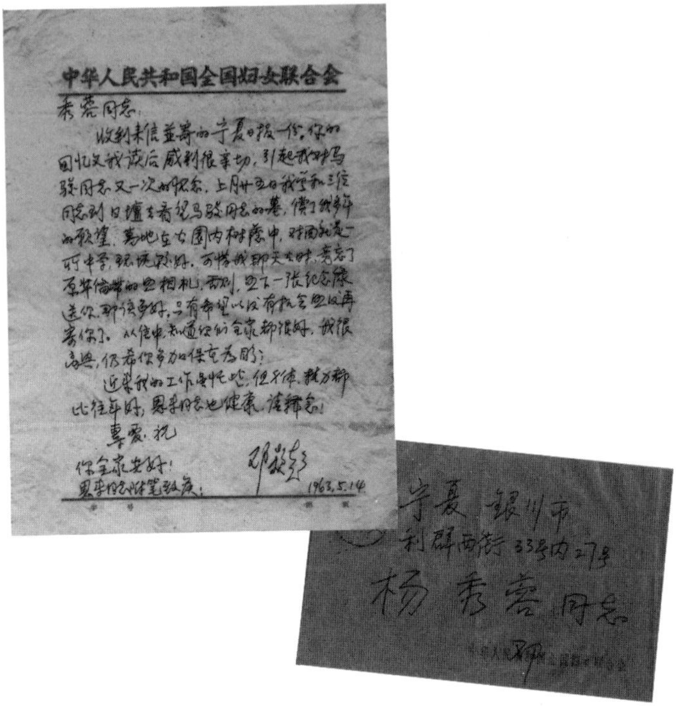

中华人民共和国全国妇女联合会

秀蓉同志：

收到来信並寄的宁夏日报一份。你的回忆文我读后感到很亲切，引起我对马骏同志又一次的怀念。上月廿五日我曾和三位同志到日坛去看望马骏同志的墓，慰了我多年的瞻望。墓地在公园内树荫中，对面就是一所中学，环境很好。可惜我聊天太多，竟忘了原准备带的照相机，否则，照下一张纪念像送你，那该多好。只有希望以后有机会照了再寄你了。从信中知道你们全家都很好，我很高兴，仍希你多加保重为盼！

近来我的工作虽忙些，但身体、精力都比往年好，恩来同志也健康，请释念！

专覆，祝

你全家安好！

恩来同志附笔致候！

邓颖超

1963.5.14

〉邓颖超写给马骏家属的亲笔信

杨秀蓉在人民大会堂内参观。1965 年 1 月 4 日，大会结束后，党和国家领导人与全体与会代表合影，杨秀蓉被安排坐在第一排。

1966 年 11 月末，邓颖超在中南海西花厅又接见了马骏的几位孙子和孙女。邓颖超说：“周爷爷工作很忙，每天只能休息两三个小时，让我来看看你们，并代周爷爷问候你奶奶和你们全家好。你奶奶过去支持你爷爷闹革命，我们都知道，她很多金银首饰，都让你爷爷闹革命用掉了，你爷爷被捕后，她冒着生命危险去营救，独自一人在家抚养三个孩子，真不容易呀。你奶奶是一个伟大的母亲！她为革命做出了贡献，非常不简单，你们一定要好好孝敬你们的奶奶……”每次去西花厅，马

〉1964 年 1月，在第三届全国人民代表大会休息期间，邓颖超和马骏夫人杨秀蓉合影

骏的后人都能深切地感受到总理等老一辈对他们的战友及烈士亲属无微不至的爱护和关怀。

几十年来党和人民时刻不忘先烈，每逢马骏牺牲纪念日，宁夏回族自治区的党政领导都到家中慰问家属。北京市有关部门及日坛公园、家乡宁安都组织纪念活动，当地的有关党政领导都参加纪念活动。

1987 年，北京市政府又重新修建了烈士墓，其间邓颖超十分关心墓的重建，曾亲切接见家属，亲自审定重建方案，亲自帮助挑选石料，亲笔题写碑文："回族烈士马骏之墓。"1988 年 2 月 15 日，马骏牺牲 60 周年那天，隆重举行了烈士墓的落成典礼及公祭仪式，杨静仁及有关中央领导同志、北京市党政领导和各界群众及家属应邀参加了活动。

1995 年，马骏家乡宁安人民怀着对先烈无限崇敬的心情，捐资修建了马骏纪念馆。北京日坛公园在烈士墓旁也建了马骏纪念室，在烈士墓前又安放了烈士半身铜像。烈士墓、纪念馆和纪念室都被确定为爱国主义教育基地。

青山埋忠骨，英雄未远行。我们走进历史时空去认识马骏，马骏超越时空用精神激励后人。他用满腔的热血，书写下最壮丽的一笔——爱党，爱祖国，爱人民，爱家乡，这是一个人思想感情的最高境界，更是中华民族固有的精神财富。他生动诠释了共产党人为中国人民谋幸福、为中华民族谋复兴的初心和使命。

邓颖超评价马骏说："马骏是中国人民、回族人民的好儿子，他对共产主义坚贞不屈的崇高品质，是我们学习的榜样。他虽然早已死去，但他的精神将随着伟大壮丽的共产主义事业的发展和胜利而永生。”[①] 马骏烈士的一生是追求真理的一生，是为共产主义奋斗的一生，党和人民将永远怀念这个中国人民的好儿子。马骏烈士的光辉业绩和革命精神值得我们永远学习和铭记。

“所过者化，所存者神。”当今时代中国社会的主要矛盾和中国人民的主要任务与马骏所处的时代相比发生了根本性的转变，但马骏为国家、为民族勇往直前、不畏艰险、听党指挥、敢于斗争的精神，永远具有现实意义和时代生机。他用热血和生命留给历史和未来的宝贵精神财富，是中国共产党人精神风貌和思想品格的集中体现，是我们取之不尽、用之不竭的力量源泉和弘扬民族精神的最好教材。在新时代，马骏精神必将不断发扬光大，成为实现中华民族伟大复兴中国梦的精神支撑和强大力量。

---

① 邓颖超：《回忆马骏烈士》，《人民日报》1988 年 2 月 11 日。

马骏年表

马骏，又名马天安，字遹泉，号准台，中国共产党早期卓越的革命活动家、领导者，著名的回族革命烈士，“五四”时期京津地区著名的学生运动领袖，东北党组织的主要创始人，中共北京市委早期领导人，觉悟社创始人之一。他无比高尚的品德、坦荡的襟怀、坚定的意志与大无畏的牺牲精神为世人树立了一面鲜明的爱国主义旗帜。

一八九五年	10月19日 出生于吉林宁古塔（今黑龙江省宁安市）。
一九〇三年	入私塾读书。
一九〇六年	进入清真两级学堂读书
一九一二年	考入吉林省立第一中学。
一九一五年	8月20日 考入私立天津南开学校。
一九一六年	5月31日 马骏当选南开学校“自治励学会”演说部副部长。
	10月4日 南开学校举行演说比赛获第二名，题目是《如何人格方可谓之有价值》（94.2分）。
	10月16日《校风》第四十一期发表了马骏的演说稿《如何人格方可谓之有价值》。
	10月17日 上午，在南开学校举行的第十二周年校庆大会上，校长张伯苓向全校演说比赛优胜者发奖。会上，获奖的马骏等五名同学发表演说。

一九一六年	10 月 20 日　马骏被选为南开学校演说会会长。
	10 月 28 日　在南开学校茶话会上，马骏做题为《海参崴之风土》的演讲。
	11 月 22 日　马骏担任南开学校茶话会主席。
	12 月 6 日　南斋六号马骏的宿舍因“修理雅洁”而获“整齐清净”精美横方，以示奖励。
	12 月 11 日　马骏被选为下学期南开学校演说会副会长。
一九一七年	3 月 24 日　马骏在南开学校“敬业乐群会”成立三周年纪念大会上发表演说。
	5 月 30 日　南开学校修身班上，颁发各学生宿舍奖品，洁净获奖者共一百四十多人，其中包括马骏宿舍。
	8 月 29 日　马骏担任南开学校组织法章程起草员。
	9 月 4 日　南开学校“自治励学会”召开迎新会，会长马骏致辞。
	9 月 13 日　《南开校风》报公布“自治励学会”改选后的职员名单：会长马骏。 【注】《校风》自 1917 年 9 月 6 日第七十期以后，改称《南开校风》。
	11 月 5 日　南开学校在大礼堂举办迁校后首次修身班，校长张伯苓率同学向国旗行鞠躬礼及演说后，学生代表马骏等做了演说。
一九一八年	1 月 17 日　《南开校风》报公布南开学校“义塾服务团”本学期服务职员名单，团长为马骏。
	3 月 17 日　《南开校风》报第八十九期发表了三年一组马骏写的《我们的更大快乐》一文，国文教员赵公瑾先生在文后评语中写道：“属语极其有法，煞是讲士之才。”
	9 月 19 日　中秋节，马骏在南开学校“敬业乐群会”上说评书。

一九一八年	9月25日 南开学校学生联合讨论会召开选举大会，产生副主席马骏。
	9月 南开学校举行欢迎新师长及同学大会。大会主席马骏致辞。
一九一九年	3月2日 《南开校风》第一百一十五期公布日前南开学校国语及英语演说名次，国语八名，马骏列第四名；英语四年级六名，马骏也列为第四名。
	3月3日 南开学校“自治励学会”，召开迎新会，马骏在会上报告了会务。
	5月4日 反帝反封建的五四运动爆发，标志着中国新民主主义革命的开端。马骏是天津爱国运动的领导人之一，他自始至终站在最前列。
	5月6日 天津中等以上十校代表在北洋大学举行会议，声援北京学生，并商议成立“天津学生临时联合会”。马骏以南开学校学生代表的身份参加了会议，他讲话时“语言激昂”。
	5月7日 天津中等以上学校代表二十四人举行会议。南开学校代表马骏出席。会上，选举产生了“天津学生临时联合会”会员，副会长马骏。
	同日 南开学校学生课外组织讨论会。选举马骏等四人作为联络天津学界代表。之后，出席天津学界两次会议，并将其精神皆在布告栏内公布。
	5月9日 山东学生代表为联络力争青岛等问题抵津，“天津学生临时联合会”副会长马骏到车站欢迎。
	5月12日 直隶省议会发起召集绅商学报各界在省会会场开会，成立“直隶各界公民联合会”。马骏被推举为总干事。
	5月14日 下午2点，直隶各界公民联合会在省议会开会，总干事马骏等全体到会。

一九一九年	同日　下午4点，天津十二所学校代表四十余人开会，由“天津学生临时联合会”副会长马骏主持。
	同日　十五所大、中学校代表在直隶水产学校举行天津学生联合会成立大会，马骏当选为副会长兼执行会长。
	5月18日　天津学生联合会正副会长谌志笃、马骏随学生演说团到各戏园进行反帝爱国演说宣传活动，马骏的演说“慷慨激昂，听者为之动容”。
	5月21日　谌志笃、马骏于下午在河北高等工业学校召集各校学生代表开会，研究天津学生运动开展的办法。
	5月22日　为声援北京学生要求惩办卖国贼、收回山东权利，天津学生联合会召开紧急评议会，做出天津中等以上学校一律罢课的决议。
	5月23日　天津十五所大、中学校万余名学生宣布罢课，开展反帝爱国宣传活动，并散发《天津学生联合会罢课宣誓书》。
	6月5日　据报载：北京六三事件发生后，天津学生联合会为抗议拘捕学生致电北京政府。
	6月8日　下午1点，天津学生联合会讲演团在各马路进行讲演活动，然后集合游行。3点，来到总商会门口，谌志笃、马骏向商会说明来意，求见会长。
	6月9日　谌志笃、马骏在事务所，为操办于河北公园举行公民大会事发出通告，不准外国人进园参加大会。
	同日　上午11点，天津中等以上全体学生齐集南开操场举行宣誓大会。谌志笃报告了大会的宗旨，副会长马骏致辞，然后宣誓，宣誓后游行。
	同日　下午，天津学生联合会在河北公园召开公民大会，到会者数万人，副会长马骏致辞。

一九一九年	同日　下午4点，天津总商会召开各行商董事全体会议，到会者六百余人。学生团马骏等七人到会旁听。商会决定10日罢市。
	6月10日　夜，直隶省长曹锐、国务院参议曾毓隽到天津总商会出示曹、章、陆免职令三道。商会遂允许11日开市。
	6月11日　上午8点，马骏以血溅商会之举动，感动商董们，商会决定第二天继续罢市。
	6月16日　在京津学联的倡议与推动下，全国学生联合会在沪成立。同日，南开学校全体学生开会，讨论如何开展运动之事，并推举代表马骏赴沪。
	6月18日　《南开日刊》报道马骏已痊愈的消息。
	6月20日　马骏以天津学联全权代表名义到上海参加全国学生联合会的工作。
	同月　马骏和大家商讨创办《天津学生联合会报》事宜。办报目的是揭露反动派，激发群众的爱国热情。由马骏等人带头，通过义演话剧募捐来解决经费问题。该报于7月21日出版。
	6月26日　马骏在南开学校第十二届毕业。
	6月27日　上午5点，马骏作为天津各界联合会总代表，率领天津代表十余人，联合北京学生三十余人，到总统府请愿。
	7月2日　早晨，马骏作为全国学联特派代表专为接洽北方各团体之事由上海抵津。
	7月5日　《南开日刊》登出奉天南关东三省电报学校古樑夫给马骏的一封信。信中赞扬马骏在五四运动中英勇斗争的精神，表示自己的爱国决心，并附血书一纸，写道：“愿君见此如见翔，好自为国家珍爱，是我中华之光，是我学界之光。”

一九一九年	同日 全国学生联合会代表、天津学生联合会副会长马骏因公离津赴京。
	8月25日 天津各界联合会召开紧急临时会议，决定由马骏率领第二批请愿团于是日分途进京赴难，支援北京的斗争。
	8月26、27日 天津又有五六百学生改装分批去北京，参与学生的斗争工作。
	8月26日 上午8点，天津及北京各界代表集会研究第二次请愿事宜，公推马骏为临时主席。
	同日 午后，马骏自北京给天津各界联合会评议部打电话，报告北京请愿情况。
	8月28日 京津联合请愿的代表分别在西苑门、新华门、国务院门三处请愿。马骏率领四五千学生编成讲演大队做演说宣传。
	8月30日 北洋政府在全国舆论的压力下，被迫将马骏等被捕代表释放。
	8月31日 《天津学生联合会报》为赴京请愿被捕代表获释归来特发号外。
	同日 天津各界千余人在上午11点赴新车站（今北站）欢迎北京四次请愿代表马骏等人获释回津，随后在总商会开欢迎大会。马千里报告开会宗旨后，马骏发表了演说，“马天安”由此得名。
	9月1日 《天津学生联合会报》发表了《马骏口中的马骏》一文，详细地记叙了马骏在北京请愿斗争的情况，他郑重声明：“进狱以前的马骏是马骏同家人的马骏，出狱以后就是国人的马骏了！”

一九一九年	9月12日　下午4点，上海、烟台、济南等处代表与天津代表在法租界秘密开会决议，14日起陆续秘密便装进京，做第二次请愿。公推马骏等七人为全国联合会干事。
	9月16日　觉悟社正式成立，马骏成为觉悟社的重要成员。
	9月21日　李大钊应邀到天津指导觉悟社活动，传播革命思想，开启了马骏对马克思主义的研究。
	9月25日　马骏升入南开大学文科，注册学号为二号。
	同日　为推动全国各界联合会的成立，天津各界联合会代表马骏、冯骥骏、刘清扬等到达上海。
	9月30日　下午4点，天津学生联合会评议部开改选会。马骏当选为副会长。
	10月10日　马骏被选为全国各界联合会理事。
	10月13日　下午4点，旅沪回教人士开会欢迎天津各界联合会代表马骏等人。
	10月24日　天津《益世报》发表了天津各界联合会代表马骏等敬告各团体书，叙述了“五四”以来的形势。
	11月10日　在天津各界联合会的推动下，全国各界联合会在上海成立。十三省二十八处六十八位代表到会，马骏被选为评议部干事。
	11月23日　马骏向天津各界联合会报告在上海经过情况。
	12月12日　天津各界联合会会员四百余人，在总商会开会。到会者有卞月庭、马骏等。会议由马骏演说福州事件。
	12月17日　为开展抵制日货运动，国民大会筹备会议在总商会举行。推举马骏等十人为善后办法起草员。会上还通过了《国民大会宣言书》。

一九一九年	12月21日 下午3点，国民大会筹备会开会。马骏、马千里、郭隆真等十人出席。
	本年 马骏和杨秀蓉结婚。他们的结婚仪式从简，破旧立新，不行大礼，不讲排场，废除宗教礼仪。
一九二〇年	1月6日 下午5点，天津各界联合会举行会议，马骏、马千里、刘俊卿、孟震侯、李毅韬等参加了会议。会上研究了抵制日货、驱逐杨以德的办法。
	1月20日 在《觉悟》创刊号上刊登了马骏的《他们为什么不去》和《一个小蜘蛛》两首诗。
	1月24日 下午3点，马骏、夏琴西、马千里等各界代表在省公署门前请愿时遭殴打并被捕入警察厅，分别监禁于兵棚之中。
	1月25日 天津各界联合会、天津学生联合会的会所均遭封闭。
	1月29日 为要求废除中日一切不平等条约、释放马骏等被捕代表，天津各校学生数千人在省公署请愿时遭军警血腥镇压，铸成天津一廿九惨案。
	2月14日 马骏的父亲特地从吉林宁古塔来到天津狱中看望马骏。
	4月2日 马骏等人为了争取公开的审讯，宣布绝食。
	4月5日 马骏等代表宣布绝食的第三天，天津学生代表邓颖超、谌志笃等二十四人到警察厅要求替换被捕代表。
	4月7日 释放身患重病和年纪较小的代表，马骏等人被移送到地方检厅。
	4月8日 上午，谌志笃、王朝侃来检厅看望马骏等人。

一九二〇年	4月9日 早上，狱中值日员会议决定诸事，其中有：加增两个代表办理一切交涉事宜，举定马骏和李燕豪；举定由马骏起草起居章程。午后，邓颖超、张嗣婧等七人来地方检厅看望被捕代表。马骏出见，谈些个人事情。下午5点，马骏、李燕豪往见看守所长，谈了住室问题、接见地点、接见次数、同女代表会面事，还要求种痘、看报诸事。
	4月11日 为同狱难友郭隆真庆生。
	4月12日 午前，检厅开庭，向马骏、马千里等五人问的是关于调查日货的事。
	4月13日 下午，递上被捕代表马骏等二十一人的全体辩诉状一份，内容是关于在警厅问答“二十一条”的事。
	4月16日 早过堂，马骏等被问魁发成一事。
	4月17日 上午过堂，问的是致吴佩孚电报和肖润波传单的事。
	4月18日 难友陈宝骢病势危急，又不准保释出庭就医，举马骏为轮流看守陈宝骢的“派班”。
	5月4日 下午，狱友们召开纪念五四运动一周年大会。马骏报告了五四运动以来取得的成就。晚间，演出文娱节目，有口技中国乐曲、滑稽戏、清唱、相声、京剧、大鼓、戏法等。马骏演出《跳加官》和关东大鼓。
	5月7日 “五七国耻纪念日”，马骏同其他狱友将《五七国耻纪念通知单》分送给民事刑事犯各号。
	5月8日 马骏在狱中做了题为《研究问题的方法》的报告。
	5月11日 晚间，吴世昌主持会议，会议内容之一，由马骏演讲《演说学》。
	5月15日 晚间，马骏在狱中做了题为《检厅拘留期中的批评》的演说。

一九二〇年	5月20日 晚上，马骏主持会议，主要内容是：下周一陈宝骢病好重新进来，开欢迎会；为感谢前来狱中探视的人，起草致谢大家的信稿。
	5月25日 为加强学习，马骏同狱友成立书报公司，将大家之书搜集在一起，“凡要看书的都要纳点费，聚出钱来，再购买新书，供大家赁看；将来新书分配，由各人借入书籍为比例”。
	5月27日 下午3点，在于方舟主持下召开欢迎沙主培的茶话会，马骏等五人演出话剧《朱砂痣》。
	6月3日 狱友在晚间聚会前练习演说，马骏演说的题目是《演说的预备方法》。
	6月6日 马骏做特别讲演《安那其主义演说学》。
	6月12日 马骏等人探视同狱患病的张若名。
	6月18日 为陈宝骢病愈回检厅举行欢迎会，并演出文娱节目。
	6月30日 下午，北京著名爱国律师刘崇佑来检厅看守所同马骏等被捕代表谈话，告诉大家警厅情况。
	7月17日 被捕的马骏、于方舟、李培良、郭隆真等代表释放。天津各界男女代表一百多人，前往警厅迎接，把铸有“为国牺牲”四字的银质纪念章分赠马骏等代表。之后，马骏等又参加了在商会举行的欢迎大会。
	8月 上旬，马骏参加了觉悟社年会。
	10月1日 马骏由北京中兴旅馆给在京的马千里打电话约他去住所吃饭。
	10月2日 马骏与马千里乘下午4点火车返津。
	本年 马骏加入社会主义青年团，而后入党。

一九二一年	4月13日 马千里与刘铁庵请马骏、薛撼岳在会宾楼吃饭。
	4月14日 夏琴西在会宾楼宴请马骏，马千里、刘铁庵、胡维宪出席作陪。
	本年 马骏被党组织派回东北。
一九二二年	2月2日 由韩迭声发起、马骏做后盾，韩迭声和张树屏、于芳洲等社会各界人士，一同组建了哈尔滨救国唤醒团。
	2月10日 救国唤醒团在哈尔滨道外二十道街滨江公园，召集三十个团体、两万余人参加的市民大会，抗议华盛顿九国会议强加给中国的不平等条约，并冒雪游行示威。
	本年 马骏在吉林宁安建立了宁安党小组。
一九二三年	2月 韩迭声等人在马骏的指导和直接参与组织下，并由韩迭声出面向地方当局申请，创办了《哈尔滨晨光报》。
	9月 马骏组织各界抗议日本特务绑架杀害王希天的暴行。
一九二四年	9月 马骏在吉林毓文中学任英文教师兼训育主任，并在铁路工人中从事地下工作。
一九二五年	6月初 五卅惨案消息传到吉林，毓文中学学生在马骏领导下首先罢课。
	6月7日 马骏联合省城各群众团体，以“吉林爱国六人团”的名义发表宣言，谴责英、日帝国主义制造五卅惨案的血腥暴行，同时成立吉林省学生联合会。
	6月8日 晚，马骏召集吉林各个学校的代表在教育会馆小礼堂，商量全市的统一行动和斗争方向。

一九二五年	6月9日 省城各校学生代表在江南农事试验场召开会议，成立吉林学生“沪案”后援会，并向全国各省群众团体发出快邮代电，声援上海的五卅运动。同日下午，省城各校教职员代表在省议会集会，成立吉林教育界“沪案”后援会，公推马骏为会长。
	6月10日 吉林学生“沪案”后援会组织省立一师、一中、女师、女中、毓文等学校学生和吉林县立中学、吉林法政专门学校学生共四千余人，举行大规模示威游行。游行队伍在马骏的指挥下“气概雄壮，秩序不紊”。
	6月11日 马骏率领各校学生又在公共运动场集合，然后分组出发，冒雨到各指定地点进行街头讲演，许多群众不顾雨淋驻足听讲。
	6月13日 吉林教育界“沪案”后援会、商会、农会、工会、基督教救国会、国民党吉林支部、吉林县农会等十余个团体及律师、学生、医生等各界百余名代表召开联席会议，商定于第二天召开市民哀悼大会，推举马骏为大会总指挥。
	6月14日 吉林“沪案”后援活动进入了高潮。马骏组织省城吉林各校师生、各人民团体、爱国人士、市民和长春、哈尔滨等地的代表一万余人，在丹桂茶园剧场召开哀悼大会，会后举行示威游行。
	6月18日 马骏亲率毓文中学、省立一中等校讲演团，分兵几路，在通往北山庙会沿途的山上山下，向游人宣讲“沪案”的经过。
	9月13日 国民党中央执行部在北京的委员丁惟汾和于树德（共产党员），在北京南河沿欧美同学会公布留苏成员名单，计四十人，多为党团员，其中北京地区的成员包括马骏等，并向他们发了去上海的旅费三十块现洋。
	9月14日 马骏等四十人作为北京地区留苏人选起程赴上海集中。

一九二五年	10月 马骏等人在黄浦江乘一艘约三千吨苏联邮船（煤船），起程前往海参崴。该船通过朝鲜海峡，在日本门司港停留两天，轮船加煤。
	11月7日 马骏等人在船上同全船人员一起举行庆祝会，庆祝十月革命八周年。
	11月10日前后 马骏等人到达海参崴。黄昏后，马骏一行下船后即登上火车开赴莫斯科。
	11月 下旬，马骏等人经过两周多火车行程到达莫斯科，进驻位于沃尔洪卡大街的中山大学，并由学校工作人员与他们谈话。
一九二六年	5月1日 在中山大学教堂左边的小花园里，马骏谈了他对宗教、汉回之间关系问题的看法。
	5月 中山大学把马骏等人送到莫斯科郊区的休养所。
	9月 中山大学学生公社改选时，马骏当选为公社书记。
一九二七年	夏天 马骏在莫斯科中山大学毕业，起程回国。党中央分配他担任中共北京临时市党部书记兼组织部长，重建北京市委。
	11月8日 马千里在时子周家遇见暑假从莫斯科中山大学回来的马骏。翌日，马骏向马千里介绍了由莫斯科回国一路有趣的事，如戈壁沙漠之步行、蒙古帐幕之宰羊、与石敬亭之谈话、到汉口之妙计。同路男女青年三十九人（男十八人，女二十一人），回国途中充满了冒险精神。
	12月3日 马骏被京师警察厅逮捕。
一九二八年	2月15日 马骏在北京被反动军阀张作霖杀害，壮烈牺牲，时年三十三岁。

青春之骏